最新版 人材紹介業完全手引き **4**

派遣から紹介にシフトする

人材紹介ビジネス

職業紹介事業への移行と派遣・請負との兼業
――経営戦略と具体的ノウハウ――

人材ビジネスコンサルタント
藤井 功 著

本書は、人材ビジネス・コンサルティング業を営む㈱タカラエージェンシーが、人材紹介会社㈱宝木スタッフサービスに協力を要請して制作したものです。

はじめに

　紆余曲折を経て、2012年3月28日に成立した改正労働者派遣法は、4月6日に公布、10月1日からの施行が決まりました。

　現在、わが国には労働者派遣事業（一般・特定）を行う事業所が2012年6月現在で8万3030カ所ありますが、その中の一般労働者派遣事業所の多くが紹介事業の許認可も合わせて取得しています。取得はしていても、活用の仕方がわからない派遣事業所は多く存在します。

　労働者派遣法の改正を受け、それらの派遣事業所がどうすれば、紹介事業の許認可を活用して「派遣」「紹介」の兼業、または「派遣」から「紹介」への移行ができるのか、そのお手伝いをさせていただくための手引きの書となりうるのが本書です。

また、これまで人材紹介ビジネスを最小規模で運営してきた事業所の方たちは、場合によっては存続の危機が訪れることも考えなくてはなりません。なぜなら、これまで派遣事業や他職種で、組織として確立している企業が紹介事業へ移行または兼業化を図った場合、いわゆる「パパママ」店的従来型職業紹介事業所は、どうしても不利な戦いを強いられることが予想されるからです。

そうならないためには、どのような組織づくり、運営システムの構築を行えばよいのか熟慮する必要があるでしょう。

私は現在、人材紹介ビジネス事業を推進しながら、経営セミナー等でも講師を務めさせていただく日々ですが、テーマは派遣法改正後の人材ビジネスについてです。

それは自分自身の長年にわたる事業経験をもとにしたものですが、講師として皆様の前でお話しすることのほかに、さらにより多くの方にこの仕事について理解を深めていただくために、すでに3冊の著書を発表してきました。

最初の著書となったのは『人材紹介業　完全手引き』（2006年　メイツ

はじめに

出版）です。この本で目指したのは、主にブルーカラーを対象にした人材紹介のコツをわかりやすく解説することでした。

そして、当時、社会の人々の認知度では「派遣」事業より低かった「紹介」事業のほうがはるかに低リスクであることや、未経験者でも成功へのステップを上りやすいことを理解していただくように努めました。

第2作目『人材派遣より人材紹介だ』（2007年　メイツ出版）では、人材ビジネス業界に「アランチャイズ」というこれまでになかった新システムを構築、複数企業（事業所）が対等の関係で情報を共有化できる路線をスタートさせる態勢が整ったことをお知らせしました。

このシステムの最大の特長は、利用企業（事業所）が大規模な会社組織を必要とせずに、ブルーカラーだけでなく広くホワイトカラーの職業分野の人材紹介まで、比較的容易に開業できることです。

第3作目の『起業するなら人材紹介ビジネス』（2008年　有朋書院）では、前作より多くのデータ等を網羅して、紹介事業についてさらにわかりやす

くまとめめました。そこでも、私たちが独自に開発したアランチャイズ・システムを利用することで、大規模な会社組織も不要となり、ブルーカラーの職業紹介からホワイトカラーの職業分野の人材紹介まで、紹介事業所を容易に開業することができることを説きました。

初めての著書の発表から今日まで、さまざまに変容する人材ビジネス業界にあって、私たちは紹介事業ビジネスを積極的に展開しながら、より確実で安全な方法で高い成果へ導く紹介システムについて模索を続けました。

その集大成として発表するのが本書です。本書の内容についての概要を述べると次のようになります。

序章──派遣法の改正によって確実に変わっていくと思われる人材ビジネスの今後の動向について述べています。

第1章──現在でも、人材ビジネスの「紹介」事業と「派遣」事業を混同している方は多くおられます。この章では紹介事業について深く理解していただくとともに、数種類ある人材ビジネスについて説明しながら

6

はじめに

ら、それらの問題点等も解説しています。

第2章——さまざまな人材ビジネスについて、起業・創業の開業方法、業務上の問題解決や要求の実現を行うための情報システムを活用（ソリューション型）した人材ビジネスの運営方法や、現在異業種を運営しながら人材ビジネスを取り入れる方法について解説します。また、開業→運営→経営の流れをわかりやすく紹介して、紹介事業に関する許可・関連手続きや法令様式、許可までの流れをわかりやすく図表を多用して説明しています。

第3章——「派遣」から「紹介」への移行、または二つの事業の兼業の方法についてアドバイスいたします。

第4章——「派遣」から「紹介」への移行、または二つの事業の兼業について、ケーススタディを紹介しながらアドバイスいたします。

第5章——私たちが展開している独自の「アランチャイズ・システム」について、その仕組みと運営方法について紹介しています。

7

第6章──紹介事業における「職業」に対して理解を深めていただくために、「職業分類表」(独立行政法人 労働政策研究・研修機構)を掲載しています。

附章──人材ビジネスに関するQ&Aです。

法改正によって新しい展開が予想される人材ビジネスをより深くご理解のうえ、多くの方が成功への階段を確実に上られることを祈念いたします。

2012年8月吉日

人材ビジネスコンサルタント　藤井　功

派遣から紹介にシフトする

人材紹介ビジネス

——目次

はじめに 3

序章 派遣法改正 人材ビジネス今後の動向

新派遣法でなにが変わるのか 18

「雇用契約申込み」と「労働契約申込みみなし」 23

高まる紹介事業の重要性と多様な取り組み 26

メディアも伝える「派遣離れ」 27

有期労働契約法制の見直しについて 31

船井総研セミナーで伝えたかったこと 34

第1章 人材ビジネスの区分け

3つの人材ビジネス 38

人材ビジネスⅠ——民営職業紹介事業 39

人材ビジネスⅡ——派遣事業 43

第2章 人材ビジネスを起業・創業する方法

人材ビジネスⅢ——派遣事業に類似する請負事業(無許認可事業) 46

紹介事業と派遣事業の雇用関係の違い 48

これからの人材ビジネス——ソリューション型人材ビジネス 49

紹介事業に関する厚生労働省のホームページ 50

コラム——ハローワークが総務省に叱られた 51

紹介事業取扱職種の届出 54

紹介事業の許可を受けるための基準 56

紹介事業を適正に運営するには 66

紹介事業の手数料 69

労働条件等を明示する際の留意事項 75

苦情の処理について 77

法令様式の一部を紹介 78

コラム——「シニア派遣」という新しい人材サービス 84

第3章 「派遣」から「紹介」へ 兼業化・移行のポイント

「紹介」と「派遣」兼業運営の条件 86
製造業における「偽装請負」 90
派遣から紹介への移行で「偽装請負」問題は解決 93
紹介事業移行で組織・人員体制を見直す 94
兼業化して紹介事業を始める場合の組織の区分 95
兼業の場合の情報管理 99
個人情報の取り扱いについて 102
個人情報収集が許される場合 103
個人情報の管理基準 105
紹介事業へ移行する際の顧客企業への対応 106
派遣事業と紹介事業の違いについての説明 108
クレーム・不祥事への対応 110
移行の際の求職者への対応・サポート 111

第4章 「派遣」から「紹介」へ 移行・兼業のケーススタディ

より広い人材ビジネスの展開のために 124

ケーススタディⅠ
紹介事業から派遣事業へ移行し、再び紹介事業へ
――時代の流れに合わせた人材事業の経営《A社》 126

ケーススタディⅡ
時代を見据えて「派遣」と「紹介」の兼業を決断
――求人企業・求職者のきめ細かい対応を心がける《B社》 130

求職者情報を登録する 112
派遣事業と紹介事業の売上げ・利益の比較 114
紹介事業の売上げ変動を防ぐために 115
派遣事業と紹介事業の情報管理 115
人材ニーズの把握と営業活動について 117
顧客ニーズをどう把握するか 118
独自の情報システム(ソリューション型人材ビジネス)で問題解決 119
コラム――「日雇い」「臨時雇い」「常雇」の区分とは 121

第5章 人材ビジネスのニューモデル アランチャイズ

ケーススタディ Ⅲ　紹介業についてさらに熟知することに努める
——他社の先を行く人材ビジネスを模索する《C社》 133

ケーススタディ Ⅳ　求人企業、求職者の多様なニーズに対応するのが目標
——さまざまなビジネス展開を図る《D社》 137

ケーススタディ Ⅴ　35年の紹介業キャリアに上乗せ
——新たに派遣業との兼業で発展を期す《E社》 141

ケーススタディ Ⅵ　ホワイトカラーに特化した、人材紹介の看板を掲げて
——大手から独立起業をした人材コンサルタント《F社》 145

コラム——ハローワークの移管をめぐる国と地方の綱引き 149

アランチャイズとはなにか 152
フランチャイズやアライアンスとの違い 154
企業間の綿密なネットワーク＝アランチャイズ 156
アランチャイズ・シェアリング表の見方 159

第6章 人材紹介事業における職業分類

アランチャイズ・システムはこんな人におすすめ 162
アランチャイズの3大特長 165
新発想のシステムで完璧なフォロー体制 166
徹底した指導で成果を約束 168
雇用管理ソフト導入でオールマイティの親切フォロー 170
日々紹介と労務管理代行の双方に対応できるシステム 171
4大マニュアルで綿密にフォロー 176
改正法施行以降の新しい展望 182
コラム──一方的な時給ダウンで泣きの涙 184

職業分類について 186
職業大分類の解説と主な職業例（平成23年改定） 186
職業分類表Ⅱ（中・小分類） 193

附章 人材ビジネスQ&A

あとがきにかえて

※**本書内の表記について**
本文中の多くの場合、職業紹介ビジネスまたは人材紹介ビジネスを「紹介事業」または「紹介業」、人材派遣ビジネスを「派遣事業」または「派遣業」と表記しています。

序章 派遣法改正 人材ビジネス今後の動向

新派遣法でなにが変わるのか

2012年3月に成立した改正労働者派遣法は、4月6日に公布、10月1日施行となりました。

【国会での主な修正点】

○「登録型派遣・製造業務派遣の原則禁止」の削除、「登録型派遣・製造業務派遣のあり方」を検討事項とする。

○原則禁止される日雇い派遣の範囲を「2カ月以内」から「30日以内」に修正、原則禁止の例外に「雇用機会の確保がとくに困難な場合等」を追加。

○労働契約申込みみなし制度の施行日を「法の施行から3年経過後」に延期。

法改正によって変更される主な項目は左記のとおりです。

① **事業規制の強化**

序章
派遣法改正——人材ビジネス今後の動向

- 日雇い派遣（日々または30日以内の期間を定めて雇用する労働者派遣）の原則禁止（適正な雇用管理に支障を及ぼすおそれがないと認められる業務の場合、雇用機会の確保がとくに困難な場合等は例外）となります。

② 派遣労働者の無期雇用化や待遇の改善

- 派遣元事業主に、一定の有期雇用の派遣労働者につき、無期雇用への転換推進措置が努力義務化。
- 派遣労働者の賃金等の決定にあたり、同種の業務に従事する派遣先の労働者との均衡を考慮すること。
- 派遣料金と派遣労働者の賃金の差額の派遣料金に占める割合（いわゆるマージン率）等の情報公開を義務化。
- 雇入れ等の際に、派遣労働者に対して、1人当たりの派遣料金額を明示すること。
- 労働者派遣契約解除の際の、派遣元および派遣先における派遣労働者の新たな就業機会の確保、休業手当等の支払いに要する費用負担等の措置を義

務化。

③ **違法派遣に対する迅速、的確な対処**

・違法派遣の場合、派遣先が違法であることを知りながら派遣労働者を受け入れている場合には、派遣先が派遣労働者に対して労働契約を申し込んだものとみなす。

・処分逃れを防止するため、労働者派遣事業の許可等の欠格事由を整備する。

※その他、法律の名称に「派遣労働者の保護」を明記し、「派遣労働者の保護・雇用の安定」を目的規定に明記する。

※「登録型派遣のあり方」「製造業務派遣のあり方」「特定労働者派遣事業のあり方」を検討事項とする。

④ **労働契約申込みみなし制度の新設**

偽装請負や自由化業務で、受け入れ期限の上限（1年や3年など）を超えて派遣スタッフの活用を続けた場合、派遣先企業と派遣スタッフの間には雇用契

序章
派遣法改正──人材ビジネス今後の動向

労働者派遣法改正法

事業規制の強化

- 日雇派遣（日々または30日以内の期間を定めて雇用する労働者派遣）の原則禁止（適正な雇用管理に支障を及ぼすおそれがないと認められる業務の場合、雇用機会の確保が特に困難な場合等は例外）
- グループ企業内派遣の8割規制、離職した労働者を離職後1年以内に派遣労働者として受け入れることを禁止

派遣労働者の無期雇用化や待遇の改善

- 派遣元事業主に、一定の有期雇用の派遣労働者につき、無期雇用への転換推進措置を努力義務化
- 派遣労働者の賃金等の決定にあたり、同種の業務に従事する派遣先の労働者との均衡を考慮
- 派遣料金と派遣労働者の賃金の差額の派遣料金に占める割合（いわゆるマージン率）などの情報公開を義務化
- 雇入れ等の際に、派遣労働者に対して、1人当たりの派遣料金の額を明示
- 労働者派遣契約の解除の際の、派遣元および派遣先における派遣労働者の新たな就業機会の確保、休業手当等の支払いに要する費用負担等の措置を義務化

違法派遣に対する迅速・的確な対処

- 違法派遣の場合、派遣先が違法であることを知りながら派遣労働者を受け入れている場合には、派遣先が派遣労働者に対して労働契約を申し込んだものとみなす
- 処分逃れを防止するため労働者派遣事業の許可等の欠格事由を整備

※そのほか、法律の名称に「派遣労働者の保護」を明記し、「派遣労働者の保護・雇用の安定」を目的規定に明記
※「登録型派遣のあり方」、「製造業務派遣のあり方」、「特定労働者派遣事業のあり方」を検討事項とする
施行期日：公布の日から6カ月以内の政令で定める日（労働契約申込みみなし制度の施行日は、法の施行から3年経過後）

【国会での主な修正点】
○「登録型派遣・製造業務派遣の原則禁止」の削除、「登録型派遣・製造業務派遣のあり方」を検討事項とする
○原則禁止される日雇派遣の範囲を「2カ月以内」から「30日以内」に修正、原則禁止の例外に「雇用機会の確保が特に困難な場合等」を追加
○労働契約申込みみなし制度の施行日を「法の施行から3年経過後」に延期

約が成立する。この規定は、改正派遣法の施行日（2012年10月1日）の3年後から適用される。

ある条件を満たせば、企業と個人の間の雇用契約が自動的に成立するのが「労働契約申込みみなし制度」ですが、日本ではこのような自動的に雇用契約が成立する規定はありませんでした。しかし、改正派遣法の施行以前も、派遣先企業は一定条件のもとで派遣スタッフに直接雇用を申し入れなければなりませんでした。

今回新設された3年後から施行される労働契約申込みみなし制度は、派遣先企業が違法に派遣スタッフを活用していることを認知していた場合、自動的に雇用契約が成立するというものです。

労働契約申込みみなし制度については、次項でも説明することにいたします。

序章
派遣法改正——人材ビジネス今後の動向

「雇用契約申込み」と「労働契約申込みみなし」

労働契約申込みみなし制度については、改正前の派遣法では、派遣先が雇用を申し入れ、派遣スタッフがその可否を判断する流れになっていて、自動的なプロセスではありませんでした。派遣先企業は一定条件のもとで、派遣スタッフに直接雇用を申し入れなければならず、26業務と自由化業務でそのルールは異なり、次のように定められていました。

① **直接雇用を申し入れる条件——26業務の場合（期間制限なし）**
- 同じ業務で3年以上同じ派遣スタッフを活用している。
- その業務で新たに人を採用する。

② **自由化業務（最長3年で抵触日あり）**
- 派遣先企業は派遣スタッフの活用期間（抵触日）を認知している。
- 抵触日を過ぎても派遣スタッフを同じ業務で活用しており、派遣スタッフ

が派遣先に雇用されることを希望している。

この自由化業務については、「1年以上3年までの間、1人で継続して派遣就業しているスタッフがいる」「派遣可能期間以後、その派遣スタッフが従事していた業務に新たに労働者を雇い入れようとしている」などの場合に、派遣スタッフを優先的に雇用する義務も企業側にはあります。

これまで、このような企業の雇用申込みをきっかけに、派遣先企業の直接雇用に移る派遣スタッフは少なくありませんでした。しかし、改正前の「雇用契約申込み」制度をめぐっても、全国で多数の訴訟が起きているのも事実です。

また一部では、法律で定められた運用がなされていないという実態もあります。

ちなみに、雇用契約期間や賃金等の労働条件は、派遣会社に雇用されていたときと同水準になります。

序章
派遣法改正──人材ビジネス今後の動向

「26業務」の変遷

法施行時 【13業務】	昭和61年改正 【16業務】	平成8年改正 【26業務】	平成14年改正 【26業務】
・ソフトウェア開発 ・事務用機器操作 ・通訳、翻訳、速記 ・秘書 ・ファイリング ・調査 ・財務処理 ・取引文書作成 ・デモンストレーション ・添乗 ・案内・受付、駐車場管理等 ・建築物清掃 ・建築設備運転、点検、整備	・ソフトウェア開発 ・事務用機器操作 ・通訳、翻訳、速記 ・秘書 ・ファイリング ・調査 ・財務処理 ・取引文書作成 ・デモンストレーション ・添乗(※1) ・案内・受付、駐車場管理等(※1) ・建築物清掃 ・建築設備運転、点検、整備 ・**機械設計** ・**放送機器等操作** ・**放送番組等演出** 【太字部分が追加部分】	・ソフトウェア開発 ・機械設計 ・放送機器等操作 ・放送番組等演出 ・事務用機器操作 ・通訳、翻訳、速記 ・秘書 ・ファイリング ・調査 ・財務処理 ・取引文書作成 ・デモンストレーション ・添乗(※2) ・案内・受付、駐車場管理等 ・建築物清掃 ・建築設備運転、点検、整備 ・**研究開発** ・**事業の実施体制の企画・立案** ・**書籍等の制作・編集** ・**広告デザイン** ・**インテリアコーディネータ** ・**アナウンサー** ・**OAインストラクション** ・**セールスエンジニアの営業** ・**放送番組等における大道具・小道具** ・**テレマーケティングの営業**	・ソフトウェア開発 ・機械設計 ・放送機器等操作 ・放送番組等演出 ・事務用機器操作 ・通訳、翻訳、速記 ・秘書 ・ファイリング ・調査 ・財務処理 ・取引文書作成 ・デモンストレーション ・添乗 ・建築物清掃 ・建築設備運転、点検、整備 ・案内・受付、駐車場管理等 ・研究開発 ・書籍等の制作・編集 ・広告デザイン ・インテリアコーディネータ ・アナウンサー ・OAインストラクション ・テレマーケティングの営業 ・セールスエンジニアの営業、**金融商品の営業** ・放送番組等における大道具・小道具

※1 平成2年の政令改正により、
①「案内・受付、駐車場管理等の業務」に、「博覧会場における受付・案内の業務」を、
②「添乗の業務」に、「船舶鉄道等の旅客の用に供する施設内において行う旅行者に対する送迎サービスの提供の業務」を、それぞれ追加。
また、ファイリングの業務の定義を改定。

※2 平成8年の政令改正により、「添乗の業務」に、「主催旅行以外の旅行の旅行者に同行して行う旅程管理業務に相当する業務又は当該業務に付随して行う旅行者の便宜となるサービスの提供の業務(車両、船舶又は航空機内において行う案内の業務を除く。)」を追加。

高まる紹介事業の重要性と多様な取り組み

私は前作『起業するなら人材紹介ビジネス』でも、「時代の流れは派遣事業ではなく人材紹介事業」と強調しました。まさに時代はそのとおりに変容を遂げています。

労働者派遣事業の重要性は、現代社会の多様な就業ニーズに応じた就業機会の確保や、労働市場を機能させるうえで確かに小さくはなかったといえます。その一方で、今般の派遣法改正を受けて、労働者が自分の希望に応じて安心して働くことができるような直接雇用もさらに重要であり、雇用関係の成立をあっ旋する職業（人材）紹介事業の重要性がより一層高まることは間違いありません。

人材ビジネスをどのような方向性を持って展開していくかは、人材ビジネス企業それぞれの戦略上の判断に基づくものですから、一概にはいえません。

序章
派遣法改正──人材ビジネス今後の動向

メディアも伝える「派遣離れ」

企業の中には、直接雇用という形での就業・転換を希望する求職者・求人企業のニーズに応えるために、現状の業務と紹介事業との兼業化を図るケースもあるでしょう。

また、これまで派遣事業で蓄積したノウハウを活かしながら紹介事業への兼業化、または完全移行を図ろうとする企業もあるかもしれません。

本書は、それらの多様な取り組みを円滑に進められるように、私たちが持っているあらゆる情報を提供することを目的としています。

派遣法改正で変わりゆく人材ビジネス業界について、新聞・雑誌は次のように伝えています。

〈「派遣離れ」進む可能性──30日以内の短期契約禁止──中小運送・流通業

に影響

　改正労働者派遣法が28日に成立し、30日以内の短期派遣が2012年度中に原則禁止されることになった。繁忙期に短期派遣を使うことが多い運送業や流通業などで影響が出そうだ。製造業派遣の原則禁止などを盛り込んだ当初案に比べて規制強化の色合いは薄れたが、企業の間で「派遣離れ」が進む可能性もある。

　短期派遣最大手のフルキャストホールディングスは、改正法の成立を受けて事業形態を転換する方針だ。（略）今後は人材紹介や雇用管理受託など別事業にシフトする。（略）

　企業の派遣離れは今後も続きそうだ。日本総合研究所の山田久調査部長は「規制強化で、企業はより派遣を使いにくくなり、派遣労働者の待遇改善にもつながらない。今後、見直しが必要だ」と指摘している。（略）〉

（2012年3月29日付『日本経済新聞』）

序章
派遣法改正——人材ビジネス今後の動向

〈日雇い派遣　法改正で禁止　業界、「紹介」事業に移行

「法を守りながら何ができるか考えるのが、私たちの仕事です」。人材派遣会社が4月に都内で開いたセミナーで、講師の社員は顧客である派遣先の担当者ら約90人にそう語りかけた。

10月に施行予定の改正派遣法では、30日以内の短期派遣が原則禁止され、日雇い派遣もできなくなった。

しかし、企業の短期的な労働力へのニーズは今もある。そこでセミナーでは、「日々紹介」と呼ばれる方法で短期労働者を雇うことなどが提案された。講師は「日々紹介は紹介先が雇用主なので給料は紹介先が直接払う必要があります」などと説明した。（略）

日雇い派遣の場合、派遣料金と派遣社員の賃金の差額の割合（マージン率）は20〜25％が相場とされるが、日々紹介は雇用責任などが紹介先に移るため10〜20％程度に下がるという。（略）

日雇い派遣禁止の背景には、雇うのは派遣元、指揮命令は派遣先という仕組

みのため、派遣元も派遣先も雇用管理がおろそかになりがちなことがあった。教育が不十分で労働災害が起きやすいことも問題視された。

日々紹介だと、雇用と指揮命令の関係が一致する。このため、小宮山洋子厚労相は3月の参院厚労委員会で、「派遣のような懸念は生じにくい」と答弁した。厚労省は、派遣会社による紹介事業参入を後押ししており、先月には参入事例集をホームページで公開した。

業界では、「厚労省は日雇い派遣を日々紹介へ誘導している」という見方が広がる。同省需給調整事業課は「誘導しているわけではない」というが、「同じ日雇いでも『派遣』よりは直接雇用の『紹介』の方が望ましい」との見解だ。（略）〉

（２０１２年５月２３日付『朝日新聞』）

また、経済誌『エコノミスト』２０１２年４月１７日号において、経済ジャーナリストの本間俊典氏は〈迷走の末にやっと成立 「派遣禁止＝労働者保護」

序章
派遣法改正——人材ビジネス今後の動向

有期労働契約法制の見直しについて

は誤り〉と題して、改正労働派遣法は〈不安定雇用の改善を狙ったものだが、経済環境や労働実態を反映しておらず、本質的な問題は解決しない〉と断じています。

しかし、人材ビジネスを生業とする私たちは、改正された派遣法に対する是非論をいつまで続けても状況の打開にはつながりません。

派遣事業に「陰り」が見える現在、そこからどう方向転換すれば人材ビジネス成功への道を進むことができるのか、本書にその答えがあります。

人材ビジネスに関連する法律については、今回の労働派遣法の改正だけでなく、有期労働契約についても見直しの声が上がっています。

企業と労働者が期間を定めて労働契約を結ぶのが有期労働契約です。

2003年の改正労働基準法では、労働契約は原則として最長3年(高度の

31

専門的な知識などを持つ者や満60歳以上の労働者については最長5年）とされていますが、有期労働契約を適正に利用していない例も多く、そのためにルールを明確化していく必要性を訴える声が高まっています。

これを受けて、2011年12月26日、厚生労働大臣の諮問機関である労働政策審議会は、労働条件分科会の報告を受け、有期労働契約のあり方について建議を行いました。そのポイントについて紹介しておきましょう。

① **有期労働契約の締結への対応**

有期労働契約は、合理的な理由がない場合（例外事由に該当しない場合）には締結できないような仕組みとすることについては、例外業務の範囲をめぐる紛争多発への懸念や、雇用機会の減少の懸念等を踏まえ、措置を講ずべきとの結論には至らなかった。

② **有期労働契約の長期にわたる反復・継続への対応**

有期契約労働者の雇用の安定や有期労働契約の濫用的利用の抑制のため、有期労働契約が、同一の労働者と使用者との間で5年（以下「利用可能期間」）

序章
派遣法改正──人材ビジネス今後の動向

を超えて反復更新された場合には、労働者の申出により、期間の定めのない労働契約に転換させる仕組みを導入することが適当である。

この場合、同一の労働者と使用者との間で、一定期間をおいて有期労働契約が再度締結された場合、反復更新された有期労働契約の期間の算定において、従前の有期労働契約と通算されないこととなる期間（以下「クーリング期間」）を定めることとし、クーリング期間は、６カ月（契約期間が１年未満の場合は、その２分の１に相当する期間）とすることが適当である。

③「雇止め法理」の法定化

有期労働契約があたかも無期労働契約と実質的に異ならない状態で存在している場合、または労働者においてその期間満了後も雇用関係が継続されるものと期待することに合理性が認められる場合には、客観的に合理的な理由を欠き、社会通念上相当であると認められない雇止めについては、当該契約が更新されたものとして扱うものとする。

④期間の定めを理由とする不合理な処遇の解消

有期契約労働者の公正な処遇の実現に資するため、労働条件は、職務の内容や配置の変更の範囲等を考慮して、期間の定めを理由とする不合理なものと認められるものであってはならないとすることが適当である。

⑤ 契約更新の判断基準

紛争の防止に資するため、契約更新の判断基準は、労働基準法第15条第1項後段の規定による明示をすることが適当である。

このように、一定期間を置いて改正、見直しが行われる法制については、常にチェックすることを欠かさず、それを人材ビジネスへどう活用すればよいか検討を重ねるのは大事なことです。

船井総研セミナーで伝えたかったこと

改正労働者派遣法の施行前の2012年5月に、「改正派遣法後の人材ビジネスモデル」と銘打って開催された船井総合研究所のセミナーでの私の講演

序章
派遣法改正──人材ビジネス今後の動向

は、「日々・期間紹介事業運営のポイント」と題されたものでした。

この中で私は、派遣法の改正で今後ますます派遣離れが進むであろうことを述べ、これを機に紹介事業などへシフトするなど事業形態の転換のすすめとその方法等について述べました。

派遣事業やその他の事業から紹介事業への兼業や移行は、いくつかのポイントを踏まえていればそれほど困難なことではなく、これまで培った豊富な事業経験を活かして上手に活用されれば、大きな成果を得られることは間違いありません。

第1章 人材ビジネスの区分け

3つの人材ビジネス

人材ビジネスは、許認可の有無を問わずに述べれば、3つに大別することができます。

①民営職業紹介事業

ブルーカラー対象職業紹介（一般職業紹介）とホワイトカラー対象人材紹介（再就職支援、ヘッドハンティング等の就職紹介）。

②人材派遣事業

「一般派遣」「特定派遣」がありますが、本書は紹介事業について詳しく解説することが目的ですので、派遣事業を細部まで説明することは省きます。

現在の人材ビジネス業界の流れとしては、派遣法改正を契機に一般派遣から特定派遣へとシフトしています。また、派遣事業の許認可を持つ事業所のほとんどは紹介予定派遣行使のために民営職業紹介事業についても許認可を受けて

第1章
人材ビジネスの区分け

います。

③人材請負業（無許認可事業）

請負業自体は許認可を受ける必要はないのですが、違法な労働者供給が頻発して、法を逸脱した「偽装請負」として世間を騒がせたことがあります。

これら3つの人材ビジネスについて、次項でさらに説明してみます。

人材ビジネスⅠ——民営職業紹介事業

職業安定法では、職業（人材）紹介について次のように定義しています。

〈求人及び求職の申し込みを受け、求人者と求職者との間における雇用関係の成立をあっせんすること〉

職業紹介事業には有料職業紹介事業と無料職業紹介事業（特別法人・地方公共団体）の2種類がありますが、ここでは有料職業紹介事業について解説します。

紹介事業は、求人企業と労働者を仲介して仕事をあっ旋するわけですが、次の３つに大別することができます。

① **職業紹介**──ブルーカラーを対象とする一般紹介登録型（パーソナルプレースメント）。求人企業はあらかじめ紹介事業所に、職種・経験年数などの諸条件を記して人材紹介の申込みをすませ、紹介事業所は登録されている労働希望者の中から、求人・求職条件などの一致点の多い組み合わせを仲介します。

② **人材紹介**──ホワイトカラーを対象とするエグゼクティブ・サーチ型。求人企業から役員・幹部社員・研究者など特定の役職に就ける人材を紹介してくれるように要請されてから、適材となる候補者をリストアップして、その候補者にアプローチして転職を働きかけます。いわゆる「ヘッドハンティング」です。

③ **再就職・転職支援**──アウトプレースメント型。企業から依頼されてその企業の社員の再就職、転籍、出向、独立を支援するサービスで、私たちは

第1章
人材ビジネスの区分け

人材紹介の3つのサービス形態

①一般紹介登録型（パーソナルプレースメント）

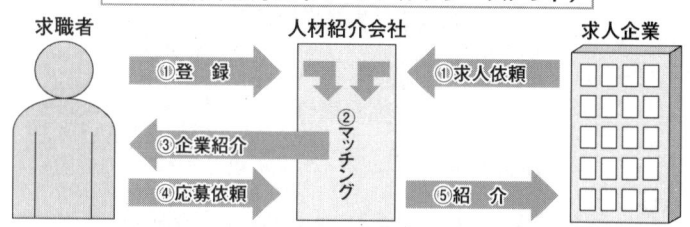

求職者 → ①登録 → 人材紹介会社 ← ①求人依頼 ← 求人企業
人材紹介会社：②マッチング
③企業紹介 ← 人材紹介会社
④応募依頼 ← 人材紹介会社
人材紹介会社 → ⑤紹介 → 求人企業

求人者（会社）と求職者（個人）それぞれからの依頼に基づき、最適なマッチングを仲介するサービス

②人材スカウト型（エグゼクティブ・サーチ）

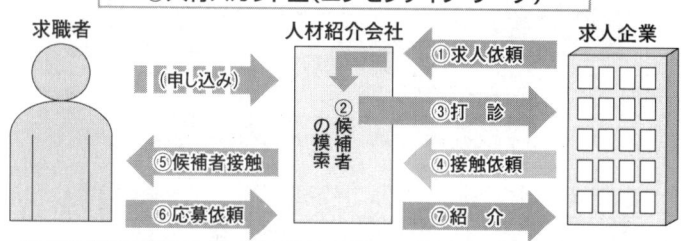

求職者 ─(申し込み)→ 人材紹介会社 ← ①求人依頼 ← 求人企業
人材紹介会社：候補者の模索
②候補者の模索
人材紹介会社 → ③打診 → 求人企業
④接触依頼 ← 求人企業
⑤候補者接触 ← 人材紹介会社
⑥応募依頼 ← 人材紹介会社
人材紹介会社 → ⑦紹介 → 求人企業

求人者企業の依頼に基づき、その企業に最適な人材をサーチ（探索）し、企業に引き合わせるサービス

③再就職・転職型（アウトプレースメント）

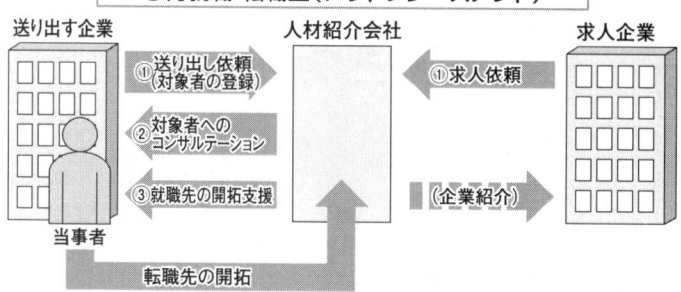

送り出す企業 → ①送り出し依頼（対象者の登録） → 人材紹介会社 ← ①求人依頼 ← 求人企業
②対象者へのコンサルテーション
③就職先の開拓支援
当事者
人材紹介会社 →（企業紹介）→ 求人企業
転職先の開拓

何らかの理由で自社内では雇用を継続することが困難になった企業の社員の再就職を支援するサービス

職業紹介事業の仕組み

- **紹介事業者**
- **あっ旋…** 求人者と求職者との間をとりもって、雇用関係が円滑に成立するように第三者として世話をすること
- **求職申込み** / **求人申込み**
- **紹介あっ旋**
- **求職…** 報酬を得るために自己の労働力を提供して職業に就こうとすること
- **求人…** 報酬を支払って自己のために他人の労働力の提供を求めること
- **求職者** ⇔ **求人者（企業等）**
- **雇用契約**
- **雇用関係…** 報酬を支払って労働力を利用する使用者と、労働力を提供する労働者との間に生じる使用・従属の法律関係

これも人材紹介の業務として捉えています。

紹介事業で取り扱えない職業

職業安定法では、求職者に紹介してはならない職業として、次のような規定を設けています。

【港湾運送業務】

港湾労働法に規定する港湾運送の業務、または規定する港湾以外の港湾において行われる業務に相当する業務として厚生労働省で定められた業務。

【建設業務】

土木、建築その他工作物の建設、改

第1章
人材ビジネスの区分け

人材ビジネスⅡ——派遣事業

労働者派遣は、労働者派遣法で次のように定義されています。

〈自己の雇用する労働者を、当該する雇用関係の下に、または他人の指揮命令を受けて、当該する他人のために労働に従事させること〉

したがって、労働者派遣事業は次のような仕組みで成り立つことになります。

① 派遣元事業主と派遣労働者との間に雇用関係がある。
② 派遣元事業主と派遣先との間に労働者派遣契約が結ばれ、この契約に基づいて派遣元事業主が派遣先に労働者を派遣する。

造、保存、修理、変更、破壊もしくは解体の作業、またはこれらの作業の準備作業に係る業務。

これ以外の職業であれば、紹介事業で取り扱えるということになります。

③派遣先が派遣労働者を指揮命令する。

派遣の2つのタイプ

派遣スタッフには、次の3つの働き方があります。

① 一般派遣

一般的な派遣で、いわゆる「登録型派遣」のことをいいます。派遣会社に登録して仕事の紹介をしてもらうのですが、定めた仕事の期間中だけ派遣会社と雇用関係が生じます。登録すれば必ず仕事の紹介があるとは限りません。

※紹介予定派遣

数カ月間派遣社員として派遣先で働いた後、その派遣先に採用される「就職型派遣」です。派遣期間中に、派遣社員と派遣先が正社員として働くかどうかを見極め、派遣期間終了後にその決定を行います。その際、スタッフの側からも派遣先企業の側からも断ることができます。

② 特定派遣

第1章
人材ビジネスの区分け

紹介予定派遣の仕組み

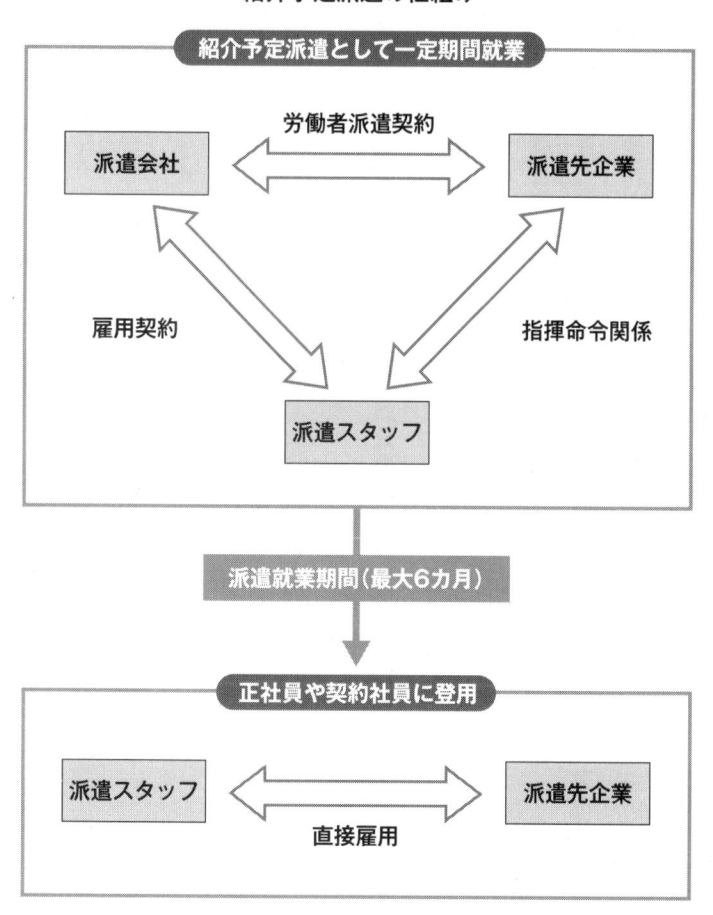

紹介予定派遣として一定期間就業

- 派遣会社 ⇔ 派遣先企業：労働者派遣契約
- 派遣会社 ⇔ 派遣スタッフ：雇用契約
- 派遣先企業 ⇔ 派遣スタッフ：指揮命令関係

↓ 派遣就業期間（最大6カ月）

正社員や契約社員に登用

- 派遣スタッフ ⇔ 派遣先企業：直接雇用

登録型と違い、常用社員（常に雇用している社員）を派遣する場合です。一般派遣と異なり、仕事がないときでも雇用関係が持続して給料も支払われます。一般派遣もそうですが、特定派遣を行える会社は許可を受けている会社でなければなりません。

人材ビジネスⅢ——派遣事業に類似する請負事業（無許認可事業）

労働者派遣事業に類似するものに請負事業があります。許認可を必要としない事業で、これ自体は違法でもなんでもありません。

請負事業は、注文主と労働者の間に指揮命令関係は発生しない点が、労働者派遣事業と大きく異なる点であるといえます。

「請負」を装う「偽装請負」は労働局の取り締まりの対象になり、懲役刑または罰金刑が科されます。

「偽装請負」に関しては第3章で詳しく述べています。

第1章
人材ビジネスの区分け

労働者派遣事業の仕組み

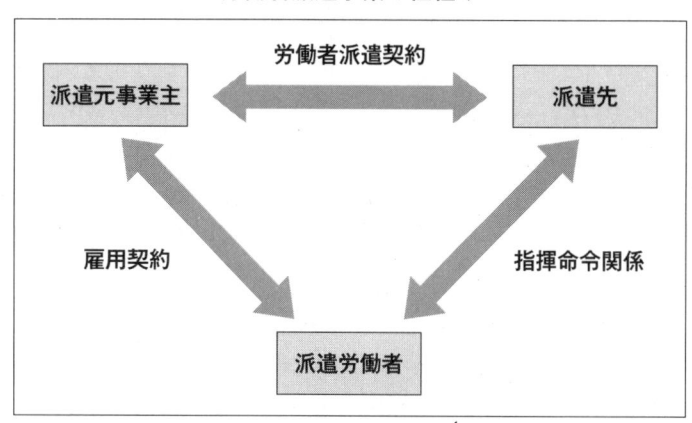

```
         労働者派遣契約
派遣元事業主 ←――――――――→ 派遣先
     ↖                    ↗
       ↖                ↗
  雇用契約              指揮命令関係
           ↘        ↙
            派遣労働者
```

請負事業の仕組み

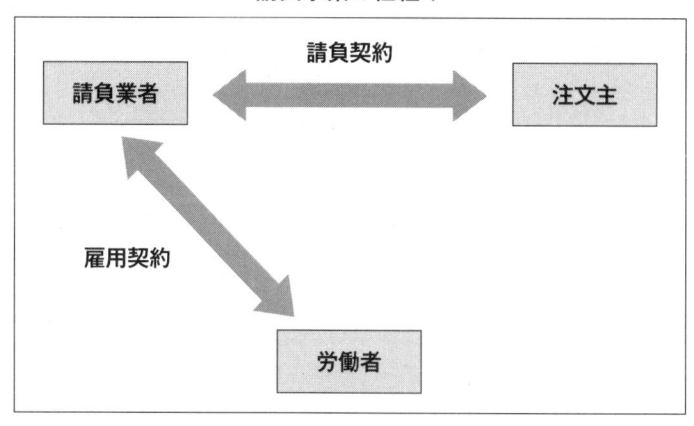

```
           請負契約
請負業者 ←――――――――→ 注文主
    ↘
   雇用契約
       ↘
        労働者
```

紹介事業と派遣事業の雇用関係の違い

ここまで紹介事業と派遣事業について、労働者派遣法の定義も含めて説明してきましたが、この両事業には雇用関係に次のような違いがあります。

紹介事業では雇用関係は求人企業と求職者の間に成立するのに対し、派遣事業では派遣元事業主と派遣労働者との間に成立します。この点が根本的に異なるところだといえます。

派遣事業では、派遣登録者のすべての雇用責任は派遣元の雇用主に課せられますが、人材紹介事業では、紹介登録者のすべての雇用責任は求人雇用主に課せられます。

しかし、人材紹介事業においては、これはあくまで法的定義であって、実際の紹介ビジネスでは、求人者から手数料を受け取って人材を紹介しているのですから、求職者の就労勤務以外など、自分の紹介所の登録者として常にケア

第1章
人材ビジネスの区分け

これからの人材ビジネス——ソリューション型人材ビジネス

あるときは職業（人材）紹介、またあるときは人材派遣で、場合によっては人材請負という形で求職者に就労のお手伝いをする。これらの多様な就労の形を、状況に応じて使い分けることを、私たちは「ソリューション型人材ビジネス」といって、派遣・紹介・請負における業務上の問題点や要求を実現させるための情報人材システムを構築しています。これについては第3章でも説明します。

柔軟で多様な人材ビジネスこそが、「混迷」の世の中に対応できる方法であり、厚生労働省の指針に沿う形であるともいえます。本書で私がとくにおすす

（労働環境・就労の状況・人間関係等の相談）を心がけ、雇用主的役割を果たすべく求職者に対応し続けることが大切です。その結果、求人者から紹介所への信頼をいただけることにつながります。

めしたいのは、「派遣」や「紹介」だけにこだわらないということです。幅広い兼業を目指すことで人材ビジネスは成功へとつながりやすいということを、理解していただきたいのです。

紹介事業に関する厚生労働省のホームページ

ここまで紹介事業とそのほかの人材ビジネスについて簡単に整理して説明しましたが、さらに詳しくお知りになりたい方は、厚生労働省の「職業紹介事業の業務運営要領」「職業紹介事業パンフレット——許可・更新等マニュアル」等のwebサイトを参照されることをおすすめします。

50

第1章
人材ビジネスの区分け

COLUMN

ハローワークが総務省に叱られた

2012年1月31日、総務省は厚生労働省が管轄する公共職業安定所（ハローワーク）に改善勧告を行いました。総務省の抽出調査でわかったのは、ハローワークは求職者から相談を受けた際に、その内容をまったく記録しなかったケースが全国で常態化していること。延べ相談件数の71％は白紙のまま、次回からの職業紹介に活用できない状態だったといいますから、民間の紹介事業所ではおよそ考えられないことです。

調査によると、希望する勤務地や仕事を把握しないまま放置したり、受講させた職業訓練とはまったく無関係の仕事を紹介したりした例もあったとか。求職と求人のニーズが一致しないミスマッチが続出、飲食店での接客を希望した求職者に、職業訓練としてコピーライターの養成講座を受けさせ、ビジネスホテルや法律事務所、劇団などの仕事を紹介して、すべて不採用となったケースもあったといいます。これは決してお笑いネタなどではないのです。

第2章
人材ビジネスを起業・創業する方法

紹介事業取扱職種の届出

ここまで、紹介業をはじめとする人材ビジネスの概要についてご理解いただけたと思います。ここからは実際に紹介業をスタートさせるための流れについて順を追って説明します。

厚生労働大臣の許可を得て紹介事業を行う事業所は、取り扱う職種の範囲や、業務の範囲を定めたとき、または変更したときは、管轄都道府県労働局を経由して厚生労働大臣へ届け出ます。

取扱職種の範囲等の定め方については、必要に応じて第6章に掲載している「職業分類表」を参考にしてください。

注意しなければならないことは、紹介事業における取扱職種や取扱地域の範囲等の届出をしない場合、職業安定法によって、全職業・全地域の求人・求職について、求人および求職の受理義務が課されることになります。

第2章
人材ビジネスを起業・創業する方法

取扱職業の範囲の届出

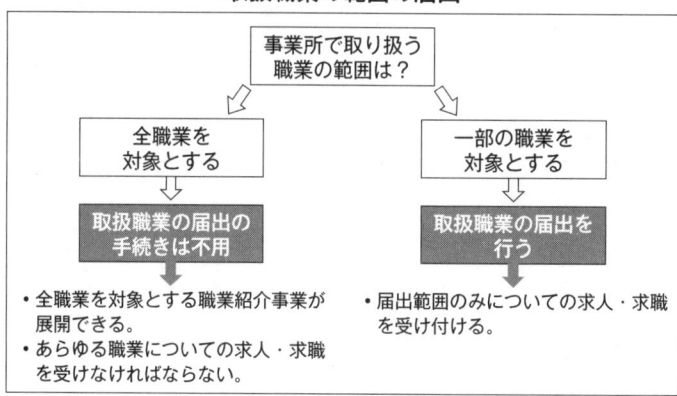

事業所で取り扱う職業の範囲は？

- 全職業を対象とする
  → **取扱職業の届出の手続きは不用**
  - 全職業を対象とする職業紹介事業が展開できる。
  - あらゆる職業についての求人・求職を受けなければならない。

- 一部の職業を対象とする
  → **取扱職業の届出を行う**
  - 届出範囲のみについての求人・求職を受け付ける。

取扱地域の範囲の届出

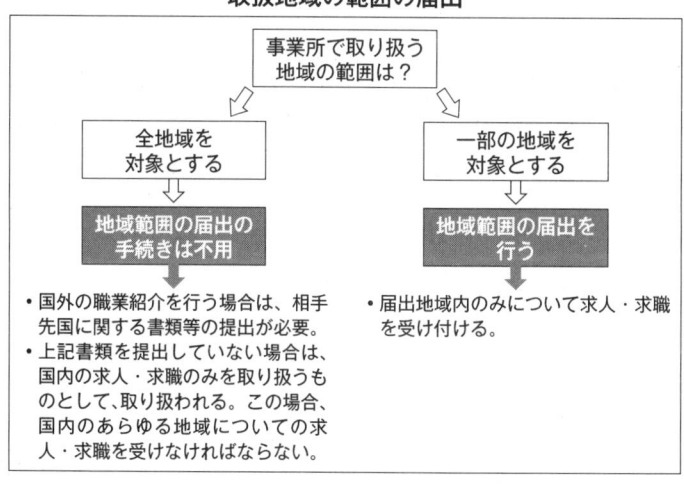

事業所で取り扱う地域の範囲は？

- 全地域を対象とする
  → **地域範囲の届出の手続きは不用**
  - 国外の職業紹介を行う場合は、相手先国に関する書類等の提出が必要。
  - 上記書類を提出していない場合は、国内の求人・求職のみを取り扱うものとして、取り扱われる。この場合、国内のあらゆる地域についての求人・求職を受けなければならない。

- 一部の地域を対象とする
  → **地域範囲の届出を行う**
  - 届出地域内のみについて求人・求職を受け付ける。

紹介事業の許可を受けるための基準

紹介事業の許可を受けるには、定められた許可基準を満たす必要があります。そのポイントを整理すると次のようになります。

財産的基礎

- 繰延資産および営業権を除いた資産総額から負債総額を控除した額が、「500万円×事業所数」以上であること。
- 事業資金として自己名義の現金、預貯金の額が、「150万円＋60万円×(事業所数－1)」以上であること。

個人情報の適正管理

- 求職者の個人情報を適正に管理するための事業運営体制があること。
- 個人情報適正管理規程を定めていること。
- 個人情報を収集するときは、本人から直接、本人同意のもとで、職業を紹

第2章
人材ビジネスを起業・創業する方法

許可申請時の書類等

申請書等	以下の書類を3部（正本1部、写し2部）用意 ・有料職業紹介事業許可申請書（様式第1号） ・有料職業紹介事業計画書（様式第2号） ・（届出制手数料とする場合）届出制手数料届出書（様式第3号）
手数料等	・手数料分の収入印紙 　手数料： 　5万円＋1万8000円×（職業紹介事業を行う事業所の数－1） ・登録免許税の納付に係る領収証書 　登録免許税：9万円
添付書類	以下の書類を2部（正本1部、写し1部）用意 ①法人に関する書類 ②代表者、役員、職業紹介責任者に関する書類 ③資産および資金に関する書類 ④個人情報の適正管理に関する書類 ⑤業務の運営に関する書類 ⑥事業所施設に関する書類 ⑦手数料に関する書類（届出制手数料とする場合） ⑧相手先国に関する書類（国外にわたる職業紹介を行う場合） ⑨取次機関に関する書類（国外にわたる職業紹介を行う場合であって、取次機関を利用する場合）

有料職業紹介事業許可書

許可番号　　09-ユ-010022
許可年月日　　平成10年 6月 1日

有 料 職 業 紹 介 事 業 許 可 証

(氏名又は名称)　株式会社　宝木スタッフサービス

(所　在　地)　栃木県宇都宮市東宿郷5-2-5

　上記の者は、職業安定法第30条第1項の許可を受けて、下記のとおり有料職業紹介事業を行う者であることを証明する。

平成 23年 9月 1日

　　厚 生 労 働 大 臣　　　　　細川律夫

記

1　取扱職種の範囲等
　　全職種

　　国内

	名　称	株式会社　宝木スタッフサービス
2	事業所の	
	所在地	栃木県宇都宮市東宿郷5-2-5

3　許可の有効期間　　平成 23年 9月 1日から平成 28年 8月31日までとする。

第2章
人材ビジネスを起業・創業する方法

職業紹介責任者講習会の受講証明書

職業紹介責任者講習会
受　講　証　明　書

佐藤　宗徳　　　殿

平成 24年 2 月 21日　東京都において、職業紹介責任者講習会を受講したことを証明する。

社団法人　全国民営職業紹介事業協会

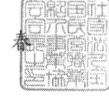

会　長　荒　川　春

番号　(001-120221131-05999)

有料職業紹介事業許可条件通知書

平成 23年 9月 1日

有料職業紹介事業許可条件通知書

株式会社 宝木スタッフサービス　　　　　殿

厚生労働大臣　細川律夫

　平成10年 6月 1日付け許可番号 09-ユ-010022 の許可は下記の理由により次の許可条件を付して行う。
　なお、この処分に不服のあるときは、処分のあったことを知った日の翌日から起算して６０日以内（ただし、処分のあった日の翌日から起算して１年以内）に、厚生労働大臣に対し異議申立てをすることができる。
　また、処分の取消しの訴えは、この処分のあったことを知った日の翌日から起算して６か月以内（ただし、処分のあった日の翌日から起算して１年以内）に、国を被告（代表者は法務大臣）として提起することができる。ただし、異議申立てをした場合には、処分の取消しの訴えは、その異議申立てに対する決定があったことを知った日の翌日から６か月以内（ただし、決定のあった日の翌日から起算して１年以内）に提起することができる。

（許可条件）
1　労働基準法（昭和２２年法律第４９号）第５６条の規定により使用を禁止されている児童の紹介を行わないこと。
2　貸金業又は質屋業と兼業する場合（法人の代表者又は役員が、他の法人等で兼業する場合も含む。）は、当該兼業する事業における債務者について紹介を行わず、また、債務者を求職者としないこと。
3　変更の届出により有料職業紹介事業を行う事務所を新設する場合は、当該事務所においても、許可基準の所定の要件を満たすこと。なお、許可基準の１の要件を満たしつつ有料職業紹介事業を行うことのできる事業所数は、平成23年 9月 1日時点で　　13事業所までであること。
4　合理的な理由なく特定の求人者に限って職業紹介を行うものでないこと。
5　職業紹介事業所間における業務提携を行う場合は、次の事項を遵守すること。
（１）業務提携による職業紹介を実施し得る職業紹介事業者は、職業安定法（昭和２２年法律第１４１号。以下「法」という。）の規定により適法に許可を受け、又は届出をした職業紹介事業者に限られるものであること。
（２）求職者に対する労働条件等の明示に係る職業紹介事業者の義務（法第５条の３）は、実際に求職者に対して求人のあっせんを行う職業紹介事業者が自らの責任において履行すること。
（３）業務提携に際して求人又は求職を他の職業紹介事業者に提供しようとする場合には、あらかじめ求人者又は求職者に提供先の職業紹介事業者に関する次の事項を明示し、求人者又は求職者が求人又は求職の提供に同意する場合に限って行うこととし、求人者又は求職者が求人又は求職の提供に同意しない場合には業務提携の対象としないこと。
　a 事業所の名称及び所在地、許可番号
　b 法第３２条の１３及び職業安定法施行規則（昭和２２年労働省令第１２号。以下「則」という。）第２４条の５に規定する次の明示事項
　　・取り扱う職種の範囲その他業務の範囲
　　・手数料に関する事項
　　・苦情の処理に関する事項
　　・個人情報の取扱いに関する事項
（４）職業紹介事業者が業務提携について明示し、その上で求人者又は求職者が求人又は求職の提供先への提供に同意した業務提携先は、当該提携先は、法の規定により当該求人又は求職を受理しないことが認められる場合を除き、当該求人又は求職を受理するものとする。
（５）求職者に対してその能力に適合する職業を紹介し、求人者に対してはその雇用条件に適合する求職者を紹介するように努めること。
（６）手数料はあっせんを行う職業紹介事業者による手数料の定めの範囲内で当該職業紹介事業者が徴収するものとすること。
6　法第３３条の７の規定による勧告を遵守すること。

（理由）
1　上記1の理由
　　ＩＬＯ第１８１号条約第９条の趣旨による。
2　上記2の理由
　　貸金業又は質屋業を行う者が該当営業における債務者を紹介することにより、強制労働や中間搾取等の求職者保護に欠ける事態が発生することを防止する必要があるため。

第2章
人材ビジネスを起業・創業する方法

3　上記3の理由
　許可後に届出により新設される有料職業紹介事業を行う事業所においても、有料職業紹介事業許可基準において定められた要件を満たすことにより、適正な事業運営を確保する必要があるため。

4　上記4の理由
　合理的な理由なく求人者を特定することにより求職者の利益に偏った職業紹介が行われる可能性があり、違法・不当な職業紹介になることを防止する必要があるため。

5　上記5（1）の理由
　職業紹介事業者間の業務提携とは、職業紹介事業者が自ら受理した求人又は求職を、あらかじめ特定された他の職業紹介事業者に提供し、当該他の職業紹介事業者が当該求人又は求職についてあっせんを行うことをいい、各職業紹介事業者は、職業紹介の全部又は一部を行うものであり、法の規定により適法に許可を受け、又は届出をする必要があるため。

6　上記5（2）の理由
　職業紹介事業者間の業務提携において、あっせんは1つの職業紹介事業者でしか行われ得ず、あっせんを行う職業紹介事業者のみが職業紹介行為（求人及び求職の申込みを受け、雇用関係の成立をあっせんすること）の全部を行うことから、職業紹介に当たり行わなければならない求職者に対する労働条件等の明示に係る職業紹介事業者の義務は、実際に求職者に対して求人のあっせんを行う職業紹介事業者が自らの責任において履行すべきものであるため。

7　上記5（3）の理由
　求職者の個人情報の取扱いに係る職業紹介事業者の義務は、業務提携による職業紹介の過程で求職者の個人情報を取り扱うすべての職業紹介事業者に課されるものであり、また、守秘義務（法第51条第1項）及び業務上知り得た情報をみだりに他人に知らせてはならない義務（法第51条第2項）（以下「守秘義務等」という。）も同じく業務提携による職業紹介の過程で秘密等を取り扱うすべての職業紹介事業者に課されるものであり、求人者又は求職者が求人又は求職の提供に同意しない場合にこれを行うことは、守秘義務等に反するため。
　なお、具体的には、
（1）求人については、職業紹介事業者は守秘義務等を負っており、業務提携に際して求人を他の職業紹介事業者に提供しようとする場合には、あらかじめ求人者に業務提携の内容として、提供先の職業紹介事業者に関する次の事項を明示し、求人者が求人の提供に同意する場合に限って行うこととし、求人者が求人の提供に同意しない場合には業務提携の対象としないこととしなければならない。
　　a　事業所の名称及び所在地、許可番号
　　b　法第32条の13及び則第24条の5に規定する明示事項
　　　・取り扱う職種の範囲その他業務の範囲
　　　・手数料に関する事項
　　　・苦情の処理に関する事項
　　　・個人情報の取扱いに関する事項
（2）求職については、職業紹介事業者はその業務の目的の達成に必要な範囲内で求職者の個人情報を収集し、保管し、及び使用する義務（法第5条の4第1項）、求職者の個人情報を適正に管理するために必要な措置を講じる義務（同条第2項）並びに守秘義務等を負っており、業務提携に際して求職を他の職業紹介事業者に提供しようとする場合には、あらかじめ求職者に業務提携の内容（具体的には（1）に同じ。）を明示し、求職者が求職の提供に同意する場合に限って行うこととし、求職者が求職の提供に同意しない場合には業務提携の対象としないこととしなければならない。
（3）以上を確実に実施できるようにするため、職業紹介事業者は、提携先への提供に同意する求人又は求職とそれ以外の求人又は求職を分類して管理しておくことが適当である。

8　上記5（4）の理由
　求人又は求職の申込み（法第5条の5及び第5条の6第1項）
　業務提携による職業紹介の過程で行われる求人又は求職の受理はいずれも求人又は求職の申込みに係る原則（法第5条の5及び第5条の6第1項）の適用を受けるものであり、他の職業紹介事業者から提供される求人又は求職を受ける際にも同様に適用されるものであることから、職業紹介事業者が業務提携について明示し（7参照）、その上で求人又は求職が求人又は求職の提携先への提供に同意した場合に、当該提携先が当該求人又は求職を受理しないことは原則として認められない（この場合の例外は、法第32条の12第1項の規定により職業紹介事業者が業務の範囲を限定して届け出た場合等法において求人又は求職の不受理が認められている場合）。

9　上記5（5）の理由
　求職者に対してその能力に適合する職業を紹介し、求人者に対してはその雇用条件に適合する求職者を紹介するように努め努力義務は、業務提携による職業紹介に関わる全ての職業紹介事業者に課されるものであるため。

10　上記5（6）の理由
　業務提携による職業紹介を行う職業紹介事業者のうち、職業紹介行為を一貫して行うのはあっせんを行う職業紹介事業者のみであることから、手数料は当該職業紹介事業者による手数料の定めの範囲内で当該職業紹介事業者が徴収できるものであるため。
　なお、求人又は求職を受理し、自らはあっせんを行わず、当該求人又は求職を他の職業紹介事業者に提供した職業紹介事業者についても、求人又は求職の受理等に係る事務処理に一定の費用を要していると考えられるため、徴収した手数料を事後的に配分すること（例えば、あっせんを行う職業紹介事業者が徴収した手数料のうち、一定額に相当する額を求人又は求職を提供した職業紹介事業者に支払うこと）は差し支えない。

11　上記6の理由
　労働力の需要供給を調整するため特に必要がある場合に行われるものであり、職業紹介事業者として遵守すべきものであるため。

業務の運営に関する規定

業務の運営に関する規程

事業所名　株式会社宝木スタッフサービス
宇都宮本社

第1　求　人

1. 本所は、全国、全ての職業　に関する限り、いかなる求人の申込みについてもこれを受理します。
   ただし、その申込みの内容が法令に違反したり、賃金、労働時間等の労働条件が通常の労働条件と比べて著しく不適当である場合には受理しません。
2. 求人の申込みは、求人者又はその代理人が直接来所されて、所定の求人票により、お申込みください。直接来所できないときは、郵便、電話、ファックス又は電子メールでも差し支えありません。
3. 求人申込みの際には、業務内容、賃金、労働時間、その他の雇用条件をあらかじめ書面の交付、ファックス又は電子メールの使用により明示してください。ただし、紹介の実施について緊急の必要があるためあらかじめ書面の交付、ファックス又はメールの使用による明示ができないときは、当該明示すべき事項をあらかじめこれらの方法以外の方法により明示してください。
4. 求人受付の際には、受付事務費用を別表の料金表に基づき申し受けます。いったん申し受けました受付事務費用は紹介の成否にかかわらずお返し致しません。

第2　求　職

1. 本所は、全国、全ての職業　に関する限り、いかなる求職の申込みについてもこれを受理します。
   ただし、その申込みの内容が法令に違反する場合には受理しません。
2. 求職申込みは、本人が直接来所されて、所定の求職票によりお申込みください。
3. 常に、日雇的又は臨時的な労働に従事することを希望される方は、本所に特別の登録をしておき、別に定める登録証の提示によって、求職申込みの手続きを省略致します。
4. （取扱職種の範囲等が、芸能家、家政婦（夫）、配ぜん人、調理士、モデル又はマネキンの場合）求職受付の際には、受付手数料を、別表の料金表に基づき申し受けます。いったん申し受けました手数料は、紹介の成否にかかわらずお返し致しません。

第2章
人材ビジネスを起業・創業する方法

第3 紹　介
1　求職の方には、職業安定法第2条にも規定される職業選択の自由の趣旨を踏まえ、その御希望と能力に応ずる職業に速やかに就くことができるよう極力お世話致します。
2　求人の方には、その御希望に適合する求職者を極力お世話致します。
3　紹介に際しては、求職の方に、紹介において従事することとなる業務の内容、賃金、労働時間その他の雇用条件をあらかじめ書面の交付又は希望される場合には電子メールの使用により明示します。ただし、紹介の実施について緊急の必要があるためあらかじめ書面の交付又は電子メールの使用による明示ができないときは、あらかじめそれらの方法以外の方法により明示を行います。
4　求職の方を求人者に紹介する場合には、紹介状を発行しますから、その紹介状を持参して求人者へ行っていただきます。
5　いったん求人、求職の申込みを受けた以上、責任をもって紹介の労をとります。
6　本所は、労働争議に対する中立の立場をとるため、同盟罷業又は作業閉鎖の行われている間は求人者に、紹介を致しません。
7　就職が決定しましたら求人された方、または、関係雇主から別表の手数料表に基づき、紹介手数料を申し受けます。

第4 その他
1　本所は、職業安定機関及びその他の職業紹介事業者等と連携を図りつつ、当該事業に係る求職者等からの苦情があった場合は、迅速、適切に対応いたします。
2　雇用関係が成立しましたら、求人者、求職者両方から本所に対して、その報告をしてください。
　　また、紹介されたにもかかわらず、雇用関係が成立しなかったときにも同様報告してください。
3　本所は、求職者又は求人者から知り得た個人的な情報は個人情報適正管理規程に基づき、適正に取り扱います。
4　本所は、求職者又は求人者に対し、その申込みの受理、面接、指導、紹介等の業務について、人種、国籍、信条、性別、社会的身分、門地、従前の職業、労働組合の組合員であること等を理由として差別的な取扱いは一切致しません。
5　本所の取扱職種の範囲等は、全国、全ての職業です。
6　本所の業務の運営に関する規定は、以上のとおりでありますが、本所の業務は、すべて職業安定法関係法令及び通達に基づいて運営されますので、ご不審の点は係員に詳しくおたずねください。

　　　　　　　　　　　　　　　　　　　24年　5月　11日
　　　　　　　　　　　　　　　　　株式会社宝木スタッフサービス　宇都宮本社
　　　　　　　　　　　　　　　　　　　　　代表取締役　藤井　功
　　　　　　　　　　　　　　　　　　　　　代表取締役　佐々木　修

㈳民紹協の会員証

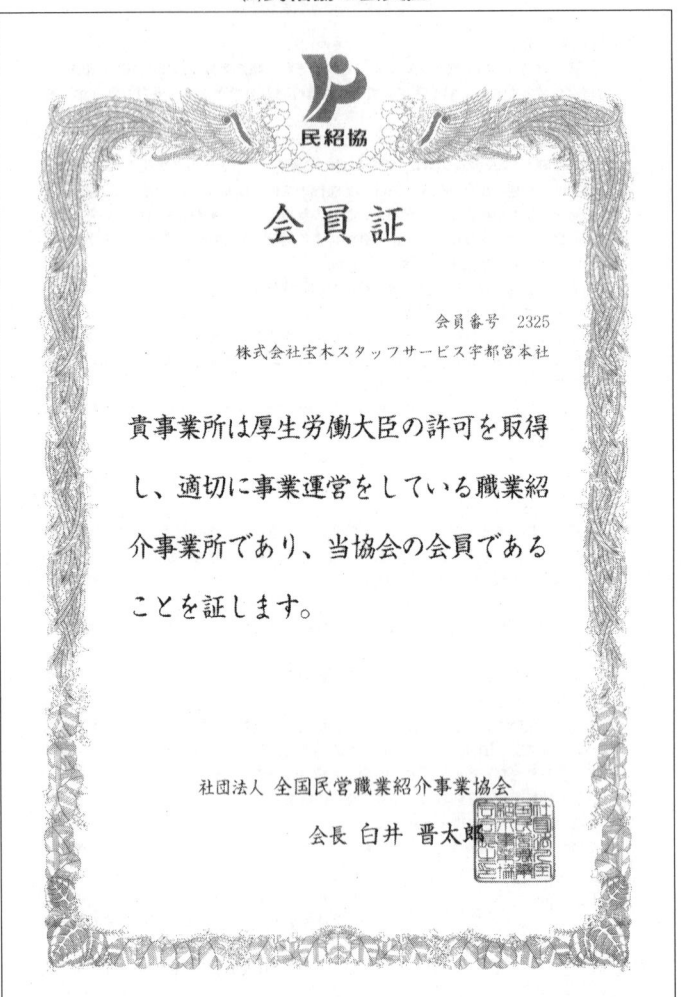

会員証

会員番号 2325

株式会社宝木スタッフサービス宇都宮本社

貴事業所は厚生労働大臣の許可を取得し、適切に事業運営をしている職業紹介事業所であり、当協会の会員であることを証します。

社団法人 全国民営職業紹介事業協会

会長 白井 晋太郎

第2章
人材ビジネスを起業・創業する方法

介するために必要な範囲で行うこと。ただし、ほかの保管もしくは使用の目的を示して本人同意を得た場合はこの限りではない。
- 個人情報を適正に管理するための措置(紛失やアクセス等の防止措置等)が講じられていること等。

代表者に関する要件
- 代表者が欠格事由に該当するなど、適正な事業遂行を期待しえない者でないこと。

職業紹介責任者に関する要件
- 職業紹介責任者が欠格事由に該当せず、適正な事業遂行が期待できる者であること。
- 職業紹介責任者講習会を受講した者であること(許可等の申請の受理日の前3年以内の受講に限る)。

事業所に関する要件
- 成年に達した後3年以上の職業経験を有する者であること。

- 位置、面積、構造、設備等が適切であること。

適正な事業運営に関する要件

- 申請者および申請者の行うほかの事業との関係で、職業紹介事業の適正な運営に支障がないこと。
- 関連する法律各条文の内容を含む業務の運営に関する規程を有し、これに従って適正に運営されること。
- 手数料徴収は適法の範囲内であり、手数料表を有すること等。

紹介事業を適正に運営するには

紹介事業の運営にあたっての、スタッフと帳簿書類について説明します。

職業紹介責任者の選任と役割

紹介事業所ごとに専属の職業紹介責任者を選任しなければなりません。職業紹介責任者の選任義務としては次のようなものがあります。

第2章
人材ビジネスを起業・創業する方法

職業紹介事業の事業許可取得の流れ

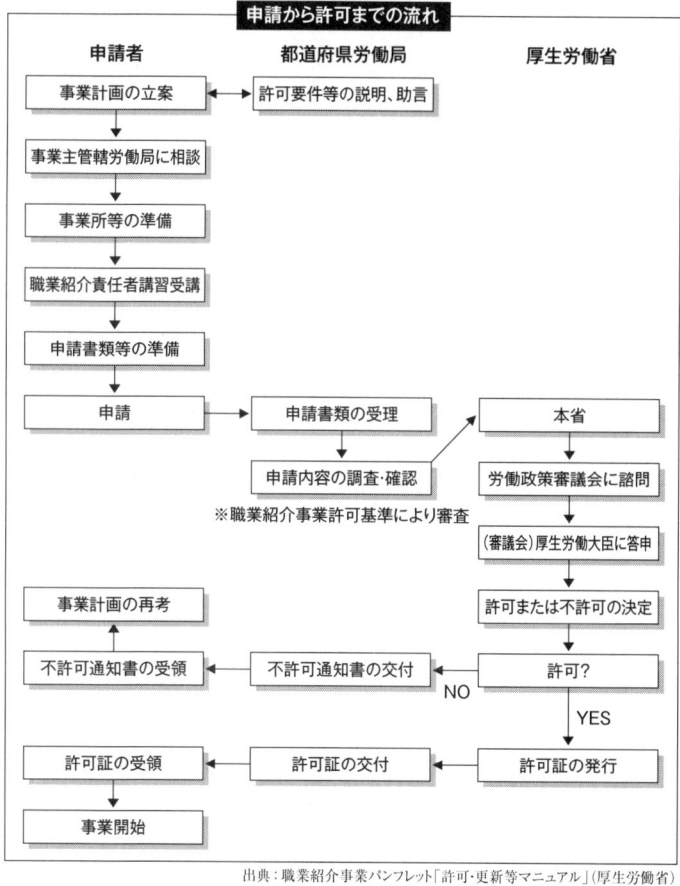

申請から許可までの流れ

申請者 / **都道府県労働局** / **厚生労働省**

- 事業計画の立案 → 許可要件等の説明、助言
- 事業主管轄労働局に相談
- 事業所等の準備
- 職業紹介責任者講習受講
- 申請書類等の準備
- 申請 → 申請書類の受理 → 申請内容の調査・確認
  ※職業紹介事業許可基準により審査
- 本省
- 労働政策審議会に諮問
- (審議会)厚生労働大臣に答申
- 許可または不許可の決定
- 許可？
  - NO → 不許可通知書の交付 → 不許可通知書の受領 → 事業計画の再考
  - YES → 許可証の発行 → 許可証の交付 → 許可証の受領 → 事業開始

出典：職業紹介事業パンフレット「許可・更新等マニュアル」(厚生労働省)

職業紹介責任者の役割とは、職業紹介に関して次の事項について統括管理を行います。

① 自己の雇用する労働者の中から選任する。
② 事業所ごとに専属の責任者を選任する。
③ 職業紹介業務に従事する者が50人以下のときは1人以上を選任する。

① 求人者または求職者から申出を受けた苦情の処理。
② 求人者の情報（職業紹介に係るものに限る）および求職者の個人情報の管理に関する業務。
③ 求人および求職の申込みの受理、求人者および求職者に対する助言および指導、その他職業紹介事業の運営および改善に関する業務。
④ 職業安定機関との連絡調整に関する業務。

事業所に備える帳簿書類について

紹介事業所が備え付けるべき帳簿書類は次のとおりです。これらの帳簿書類は、法定帳簿であるため、必ず備え付ける必要があります。違反すると30万円

第2章
人材ビジネスを起業・創業する方法

紹介事業の手数料

以下の罰金に処せられることがあるので注意しましょう。

① **求人求職管理簿**
- 求人および求職の申込みを受け付ける都度、求人求職管理簿への記載が必要とされます。
- 求人および求職の有効期間の終了後2年間保存しておくことが必要です。

② **手数料管理簿**
- 手数料の請求または受領するごとに、手数料管理簿への記載が必要とされます。
- 手数料の徴収完了後2年間保存しておくことが必要です。

紹介事業所は、職業安定法で定められた手数料のほかは、どのような名義でも、実費その他の手数料または報酬を受けてはならないとされています。紹介

事業に係る手数料は次のとおりです。

受付手数料

①**求人受付手数料**

・求人の申込みを受理した場合、670円／件を限度として求人者から徴収します。

※届出不要で上限制手数料と組み合わせて徴収します。

②**求職受付手数料**

・左記の6職種についての求職の申込みを受理した場合、670円／件（免税事業者は650円）を限度として求職者から徴収します（経過措置）。

※芸能家、家政婦（夫）、配ぜん人、調理士、モデル、マネキンのみ。

※1カ月間に3件を超える場合は、1カ月につき3件分に相当する額が限度です。

上限制手数料

①**手数料の範囲**

第2章
人材ビジネスを起業・創業する方法

職業紹介で徴収することができる手数料(ポイントのみ)

受付手数料	○求人受付手数料 ・求人の申込みを受理した場合、670円／件を限度として求人者から徴収 ※届出不要で上限制手数料と組み合わせて徴収 ○求職受付手数料 ・以下の6職種についての求職の申込みを受理した場合、670円／件(免税事業者は650円)を限度として求職者から徴収(経過措置) ※芸能家、家政婦(夫)、配ぜん人、調理士、モデルまたはマネキンのみ ※1カ月間に3件を超える場合は、1カ月につき3件分に相当する額が限度
上限制手数料	○徴収の基礎となる賃金が支払われた日以降、求人者または関係雇用主から、上限の範囲で手数料を徴収することができる ○手数料の最高額 ・支払われた賃金額の100分の10.5 (免税事業者は10.2) ・同一の者に引き続き6カ月を超えて雇用された場合、6カ月間の雇用について支払われた賃金額の100分の10.5 (免税事業者は10.2) ・期間の定めのない雇用契約に基づき同一の者に引き続き6カ月を超えて雇用された場合、次のうちのいずれか大きい額 　6カ月間の雇用に係る賃金額の100分の10.5 (免税事業者は10.2) 　6カ月間の賃金額から臨時に支払われる賃金および3カ月を超える期間ごとに支払われる賃金を除いた額の100分の14.2 (免税事業者は13.7)
届出制手数料	○求人の申込み等を受理したとき以降、求人者または関係雇用主から、あらかじめ厚生労働大臣に届け出た手数料表に基づいて手数料を徴収することができる
求職者手数料	○芸能家、モデル、経営管理者、科学技術者、熟練技能者について、その求職者から手数料を徴収することができる ※経営管理者、科学技術者、熟練技能者は、紹介により就職した場合の賃金の額が年収700万円相当を超える場合に限られる
常用目的紹介に係る手数料	○有期雇用契約の終了後に引き続き、当事者間で期間の定めのない雇用契約を締結させることを目的として行われる職業紹介を「常用目的紹介」という ○この場合も、上限制あるいは届出制のいずれかの採用する方法で手数料を徴収することができる

- 徴収の基礎となる賃金が支払われた日以降、求人者または関係雇用主から、上限の範囲で手数料を徴収することができます。

② **手数料の最高額**

- 支払われた賃金額の100分の10・5（免税事業者は10・2）。
- 同一の者に引き続き6カ月を超えて雇用された場合、6カ月間の雇用について支払われた賃金額の100分の10・5（免税事業者は10・2）。
- 期間の定めのない雇用契約に基づき同一の者に引き続き6カ月を超えて雇用された場合、次のうちのいずれか大きい額。
  6カ月間の雇用に係る賃金額の100分の10・5（免税事業者は10・2）。
  6カ月間の賃金額から臨時に支払われる賃金および3カ月を超える期間ごとに支払われる賃金を除いた額の100分の14・2（免税事業者は13・7）。

届出制手数料

求人の申込み等を受理したとき以降、求人者または関係雇用主から、あらか

第2章
人材ビジネスを起業・創業する方法

届出制手数料表を明示する

手 数 料 表

サービスの種類及び内容	手数料の額及び負担者
求職者手数料（※1）	決定の年俸が700万円又はこれに相当する額を超えた場合6ヶ月以内に支払われた支給総額の10% 手数料負担者は求職者とします。
求職を受け付ける時の事務費用（※2）	1ヶ月3件まで（※3）639円 手数料負担者は求職者とします。
求人を受け付ける時の事務費用	1件に付50000円以下 手数料負担者は求人者とします。
求人・求職の申込みを受理した時以降、求人・求職者に提供する紹介のサービス	成功報酬　職業紹介が成功した場合において、当該求職者の就職後1年間で支払われた支給総額の60%以下 手数料負担者は求人者とします。
求人の充足を容易にするための求人者に対する専門的な相談・助言	成功報酬　職業紹介が成功した場合において、当該求職者の就職後1年間で支払われた支給総額の60%以下 手数料負担者は求人者とします。
特定の条件による特別の求職者の開拓やそのための調査・探索	着手金　　　　　50,000円 活動1日当たり　10,000円 成功報酬　職業紹介が成功した場合において、当該求職者の就職後1年間で支払われた支給総額の60%以下 手数料負担者は求人者とします。
就職を容易にするための求職者に対する専門的な相談・助言	成功報酬　職業紹介が成功した場合において、当該求職者の就職後1年間で支払われた支給総額の60%以下 手数料負担者は関係雇用主とします。

上記手数料は消費税別となります。

※1　求職者手数料は「芸能家」「モデル」「経営管理者」「科学技術者」「熟練技能者」の職業を希望し、その職業に就職した場合に徴収します。

※2　求職を受け付けた時の事務費用は、「芸能家」「家政婦（夫）」「配ぜん人」「調理士」「モデル」「マネキン」の職業に係る求職の申込みを受理した場合に徴収します。

※3　なお、新たに求職の申込みを受理した月における求職受付手数料については、月の上旬に受理した場合は3件まで、中旬に受理した場合は2件まで、下旬の場合は1件のみ徴収します。

許可番号　09-ユ-010022
事業所の名称及び所在地　株式会社宝木スタッフサービス
栃木県宇都宮市東宿郷5-2-5

【2010/11.29改定】

求職者手数料

芸能家、モデル、経営管理者、科学技術者、熟練技能者について、その求職者から手数料を徴収します。

※経営管理者、科学技術者、熟練技能者は、紹介により就職した場合の賃金の額が年収700万円相当を超える場合に限られます。

常用目的紹介に係る手数料

有期雇用契約の終了後に引き続き、当事者間で期間の定めのない雇用契約を締結させることを目的として行われる職業紹介が「常用目的紹介」です。

この場合も、上限制あるいは届出制のいずれかの採用する方法で手数料を徴収することができます。

労災保険特別加入の保険料に充てるべき手数料

紹介事業所は、紹介した家政婦（夫）が介護関係の業務に従事して、本人が希望すれば、労働者災害補償保険に特別加入させなければなりません。この場

第2章
人材ビジネスを起業・創業する方法

合、紹介所が特別加入団体となります。これによって、その紹介所は特別加入の保険料に相当する金額を紹介手数料に上乗せして求人者から徴収することができます。

※特別加入の保険料に充てる手数料は、労働に従事する者に支払われた賃金額の1000分の7・5以下です。

※特別加入の対象となる業務は、入浴、排泄、食事等の介護、その他の日常生活の世話、機能訓練または看護に係るものをいいます。

各事業所の手数料の徴収ルールについては、手数料表を事業所内に掲示するだけでなく、求職者や求人者にはっきりとわかりやすく明示しなければなりません。

労働条件等を明示する際の留意事項

求職者に対して職業紹介する際には、その求職者が従事する業務の内容、労

働契約の期間、就業の場所、労働時間、賃金および社会・労働保険の適用に関する事項を明示しなければなりません。

厚生労働省告示では、労働条件等の明示においては次の事項に留意が必要とされています。

① 明示する労働条件等は、虚偽または誇大な内容にしないこと。

② 求職者が具体的に理解できるように、労働条件等の水準や範囲等をできるだけ限定すること。

③ 求職者が従事すべき業務の内容は、職場環境を含めて、可能な限り具体的かつ詳細に明示すること。

④ 労働時間は、始業および終業の時刻、所定労働時間を超える労働、休憩時間、休日等について明示すること。

⑤ 賃金は、賃金形態(月給・日給・時給等の区分)、基本給、定期的に支払われる手当、通勤手当、昇給に関する事項等について明示すること。

⑥ 明示する労働条件等の内容が、労働契約締結時の労働条件等と異なること

第2章
人材ビジネスを起業・創業する方法

苦情の処理について

　紹介事業者は、求職者、求人者からの苦情について、適切かつ迅速に対応を図ることが求められています。

　また、苦情処理の際に関しては、苦情申出先の周知、職業安定機関等が受けた苦情への対応等の努力義務が課せられています。十分に留意することが大切です。

　個人情報適正管理規定の中で、職業紹介責任者と苦情処理担当者の選任は兼務も可能ですが、それぞれに選任者を置いたほうが求人者・求職者に対して丁寧な対応ができます。苦情が発生した場合の対応法や注意点は次のとおりで

になる可能性がある場合、その旨を併せて明示する。労働条件等がすでに明示した内容と異なることとなった場合には、当該明示を受けた求職者等に速やかに知らせること。

- 最初の対応が重要です。迅速に誠意をもって対応してください。
- 逃げ腰の態度や無責任な姿勢では、問題をより大きくします。
- 苦情に関する事実や背景を正確に把握してください。
- 紹介所内部の責任者とも、綿密な報告、連絡、相談のうえ、対応してください。
- 責任者が適切な処置をとれば、解決できる可能性は大きいといえます。

法令様式の一部を紹介

人材（職業）紹介業の許可申請の書類は、許可申請書に始まり事業計画書、届出制手数料の届出書のほか、様式第1号から第8号までの法令様式が定められています。

国の認可を受けて、求人企業と求職者の橋渡しを行うという業務は、社会的

第2章
人材ビジネスを起業・創業する方法

にも重要な責任を担っているのですから当然のことだといえます。

法令様式については厚生労働省のホームページで「職業紹介事業パンフレット」にアクセスするか、社団法人全国民営職業紹介事業協会が発行している「職業紹介事業制度の手引」に掲載されていますので、詳細はそちらを参照してください。

ここでは、それらの法令様式がどのようなものか、その一部を次ページ以降に紹介します。

様式第1号(第1面)

有　料　・　無　料
職 業 紹 介 事 業 許 可 申 請 書
職業紹介事業許可有効期間更新申請書

① 　年　月　日

厚 生 労 働 大 臣 殿

(ふりがな)
②申請者　氏　名　　　　　　　　　　　印

1. 職業安定法第30条第1項の規定により下記のとおり許可の申請をします。
2. 職業安定法第33条第1項の規定により下記のとおり許可の申請をします。
3. 職業安定法第32条の6第2項の規定により下記のとおり更新申請をします。
4. 職業安定法第33条第4項において準用する同法第32条の6第2項の規定により下記のとおり更新申請をします。

記

③許　可　番　号	（　　　　　　）
(ふりがな) ④氏名又は名称	
(ふりがな) ⑤所　在　地	〒□□□-□□□□　　電話　（　　）
(ふりがな) ⑥代表者氏名等	氏　名　／　住　所
(ふりがな) ⑦役　員 氏　名　等 （法人のみ）	氏　名　／　住　所

［収入印紙
　消印しては
　ならない］

第2章
人材ビジネスを起業・創業する方法

様式第1号(第2面)

⑧兼　業の種類・内容	1.	2.	3.
	4.	5.	6.

職業紹介事業を行う事業所に関する事項

⑨事　業　所	
名　　称	所　在　地

⑩職業紹介責任者氏名等		⑪担当者職・氏名・電話番号
氏　　名	住　　所	
		( ) －

⑫講習会名、受講年月日・受講場所	

⑨事　業　所	
名　　称	所　在　地

⑩職業紹介責任者氏名等		⑪担当者職・氏名・電話番号
氏　　名	住　　所	
		( ) －

⑫講習会名、受講年月日・受講場所	

⑬取次機関

イ　名　　称 (ふりがな)	
ロ　住　　所 (ふりがな)	
ハ　事業内容	

様式第1号(第3面)

　申請者は職業安定法第32条各号に規定する以下に掲げる欠格事由のいずれにも該当しないことを誓約します。

- イ　禁錮以上の刑に処せられ、又は職業安定法の規定その他労働に関する法律の規定であつて政令で定めるもの若しくは暴力団員による不当な行為の防止等に関する法律（平成3年法律第77号）の規定（同法第48条の規定を除く。）により、若しくは刑法（明治40年法律第45号）第204条、第206条、第208条、第208条の3、第222条若しくは第247条の罪、暴力行為等処罰に関する法律（大正15年法律第60号）の罪若しくは出入国管理及び難民認定法（昭和26年政令第319号）第73条の2第1項の罪を犯したことにより、罰金の刑に処せられ、その執行を終わり、又は執行を受けることがなくなつた日から起算して5年を経過しない者
- ロ　成年被後見人若しくは被保佐人又は破産者で復権を得ないもの
- ハ　職業安定法第32条の9第1項（第33条第4項において準用する場合を含む。）の規定により職業紹介事業の許可を取り消され、当該取消しの日から起算して5年を経過しない者
- ニ　営業に関し成年者と同一の能力を有しない未成年者であつて、その法定代理人がイからハまでのいずれかに該当するもの
- ホ　法人であって、その役員のうちにイからニまでのいずれかに該当する者があるもの
　　上記イ中の政令で定める法律の規定は次のとおり。
- ・　労働基準法（昭和22年法律第49号）第117条及び第118条第1項（同法第6条及び第56条に係る部分に限る。）の規定並びにこれらの規定に係る同法第121条の規定（これらの規定が労働者派遣事業の適正な運営の確保及び派遣労働者の就業条件の整備等に関する法律（昭和60年法律第88号。以下「労働者派遣法」という。）第44条（第4項を除く。）の規定により適用される場合を含む。）
- ・　労働者派遣法第58条から第62条までの規定
- ・　港湾労働法（昭和63年法律第40号）第48条、第49条（第一号を除く。）及び第51条（第二号及び第三号に係る部分に限る。）の規定並びにこれらの規定に係る同法第52条の規定
- ・　建設労働者の雇用の改善等に関する法律（昭和51年法律第33号）第49条、第50条及び第51条（第2号及び第3号を除く。）の規定並びにこれらの規定に係る同法第52条の規定
- ・　中小企業における労働力の確保及び良好な雇用の機会の創出のための雇用管理の改善の促進に関する法律（平成3年法律第57号）第19条、第20条及び第21条（第1号に係る部分に限る。）の規定並びにこれらの規定に係る同法第22条の規定
- ・　育児休業、介護休業等育児又は家族介護を行う労働者の福祉に関する法律（平成3年法律第76号）第62条、第63条及び第65条の規定並びにこれらの規定に係る同法第66条の規定
- ・　林業労働力の確保の促進に関する法律（平成8年法律第45号）第32条、第33条及び第34条（第1号に係る部分に限る。）の規定並びにこれらの規定に係る同法第35条の規定

　また、⑩の者は、未成年者でなく、かつ、上記のイ、ロ及びハのいずれにも該当しないものであることを誓約します。

第2章
人材ビジネスを起業・創業する方法

様式第1号(第4面)

記載要領

1　職業紹介事業許可申請書の記載方法

(1)有料の職業紹介事業の許可を申請する場合には、表題中「・無料」及び「職業紹介事業許可有効期間更新申請書」の文字を抹消し、並びに2、3及び4の全文を抹消すること。

(2)無料の職業紹介事業の許可を申請する場合には、表題中「有料・」及び「職業紹介事業許可有効期間更新申請書」の文字を抹消し、並びに1、3及び4の全文を抹消すること。

2　職業紹介事業許可有効期間更新申請書の記載方法

(1)有料の職業紹介事業の許可の有効期間の更新を申請する場合には、表題中「・無料」及び「職業紹介事業許可申請書」の文字を抹消し、並びに1、2及び4の全文を抹消すること。

(2)無料の職業紹介事業の許可の有効期間の更新を申請する場合には、表題中「有料・」及び「職業紹介事業許可申請書」の文字を抹消し、並びに1、2及び3の全文を抹消すること。

3　①欄には、申請書を管轄都道府県労働局に提出する年月日を記載すること。

4　②欄には、申請者の氏名(法人又は団体にあつてはその名称及び代表者の氏名)を記名押印又は署名のいずれかにより記載すること。

5　③欄には、有効期間の更新申請の場合のみ、( )に許可の有効期間の末日を記載すること。

6　④欄には、氏名(個人)又は名称(法人又は団体における名称)を記載すること。

7　⑤欄には、事業主の所在地(法人にあつては主たる事務所の所在地)を記載すること。

8　⑧欄には、他に行つている事業の種類を記載すること。

9　⑨欄には、職業紹介事業を行う事業所を全て記載すること。所定の欄に記載し得ないときは別紙に記載して添付すること。

10　⑪欄には、それぞれの事業所における担当者職・氏名・電話番号を記載すること。

11　⑫欄には、職業紹介責任者が受講した職業紹介責任者講習会の名称、年月日及び場所を記載すること。

12　⑬欄には、取次機関を利用する場合のみ、記載すること。

COLUMN

「シニア派遣」という新しい人材サービス

一般にシニアというと「年長者」「お年寄り」という意味ですが、最近では企業等を定年退職した人たちを指していわれることが多いようです。

これは改正派遣法実施前の時期に新聞報道されたことですが、定年で退職した後もそれまでの経験を活かした働き方をしたいと希望する人たちに行われているのが、仕事の期間や曜日、時間帯を選びやすい「シニア派遣」という人材サービスです。

数社の人材ビジネス会社が、事務系、技能・技術系、営業・接客・サービス系など幅広い業務で人材を募集し、中小企業に向けてスペシャリストを派遣しています。

派遣会社の挙げる注意点としては、「派遣先の指示や命令で働ける人かどうか」を面談で見極めるといいますから、最後は本人の人柄が大きなポイントになるとか。どんなにすごい経歴を持っていても、最後に勝負を決めるのは人柄だというわけです。

第3章

「派遣」から「紹介」へ兼業化・移行のポイント

「紹介」と「派遣」兼業運営の条件

紹介事業と派遣事業を兼業する場合、次の要件を満たしていなければなりません。

まず、求職者に係る個人情報と、派遣労働者に係る個人情報がそれぞれに作成されて管理されるなど、事業運営について明確な区分がなされていることが必要です。具体的には次のいずれにも該当することが求められます。

①労働者の希望で個別の申込みがある場合を除いて、同一の者について労働者派遣に係る登録と求職（紹介）の申込みを重複して行わず、かつ、相互に入れ替えないこと。

②派遣の依頼者、または求人者の希望で個別の申込みがある場合を除いて、派遣の依頼と求人の申込みを重複して行わず、かつ、相互に入れ替えないこと。

第3章
「派遣」から「紹介」へ──兼業化・移行のポイント

「紹介」と「派遣」の兼任の概要

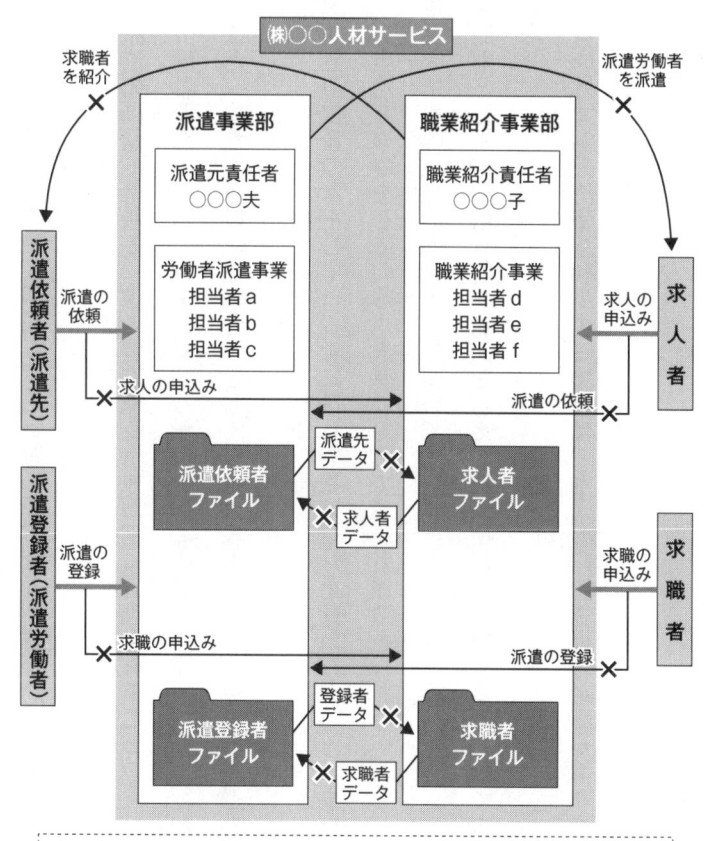

㈱○○人材サービス

派遣事業部

派遣元責任者
○○○夫

労働者派遣事業
担当者a
担当者b
担当者c

職業紹介事業部

職業紹介責任者
○○○子

職業紹介事業
担当者d
担当者e
担当者f

- 求職者を紹介 ×
- 派遣労働者を派遣 ×

派遣依頼者（派遣先）
- 派遣の依頼
- 求人の申込み ×

求人者
- 求人の申込み
- 派遣の依頼 ×

派遣登録者（派遣労働者）
- 派遣の登録
- 求職の申込み ×

求職者
- 求職の申込み
- 派遣の登録 ×

- 派遣依頼者ファイル
- 求人者ファイル
- 派遣登録者ファイル
- 求職者ファイル

- 派遣先データ ×
- 求人者データ ×
- 登録者データ ×
- 求職者データ ×

※平成16年3月の改正により、職業紹介責任者と派遣元責任者の兼任および両事業に係る直接担当職員の兼任ができることとなりました。

③派遣労働者に係る個人情報と、求職者に係る個人情報が別に管理されること。
④派遣先に係る情報と、求人者に係る情報が別に管理されること。
⑤労働者派遣の登録のみをしている派遣労働者に対して職業紹介を行わないこと。また、求職申込みのみをしている求職者について労働者派遣を行わないこと。
⑥派遣の依頼のみをしている者に対して職業紹介を行わないこと。また、求人申込みのみをしている求人者に対して労働者派遣を行わないこと。

※個人情報の【目的外利用】について
・原則として、利用目的の範囲を超えて個人情報を利用することはできません。
・目的外で個人情報を利用する場合は、本人の同意を得る必要があります。

第3章
「派遣」から「紹介」へ──兼業化・移行のポイント

違法派遣に対する迅速・的確な対処

法違反の増加

- 文書指導実施件数が年々増加
  平成15年度＝1,002件 → 平成20年度＝6,506件
- 違法派遣の是正が労働者の不利益（雇止め、解雇等）につながる場合がある
- 同じ事業主の下、違法を繰り返す派遣先の増加
- 処分逃れを画策する事業主の現出

↓

○適用除外業務への派遣、無許可・無届け事業所からの派遣、期間制限違反、いわゆる偽装請負の場合で派遣先に一定の責任があり、派遣労働者が希望する場合

→派遣先に対し、行政が労働契約を申し込むことおよび賃金その他の労働条件を低下させることのないよう措置をとることを勧告

・派遣先の法違反に対する是正措置を強化

→指導または助言前置を廃止し、より強い行政措置（勧告）の発動を可能に

・欠格事由を整備し、以下の場合は許可しない

・許可を取り消された法人等の役員であった者で、取り消しの日から5年を経過しないもの

・許可取り消し等の手続きが開始された後に事業の廃止の届出をした者で、届出の日から5年を経過しないもの、等

製造業における「偽装請負」

2004年3月、改正労働者派遣法により、それまで禁止されていた製造業への人材派遣行為が認められるようになりました。しかし、それまでの製造業の現場では「偽装請負」という形で違法の人材派遣が行われていました。

製造業への人材派遣が認められて以降、製造業では「派遣」と「請負」が共存することになりました。

47ページの「派遣」と「請負」の図を見ればわかりますが、「派遣」は労働者に対する管理責任を2社が負いますが、「請負」は労働者に対する管理責任を請負業者1社が負います。労働者との労働契約もまったく違うものです。

「派遣」は派遣法に基づいて行われるものであり、派遣会社は労働者派遣事業法に基づく許可・届出が必要です。

それに対して請負会社は許可や届出の必要がありませんが、職業安定法に定

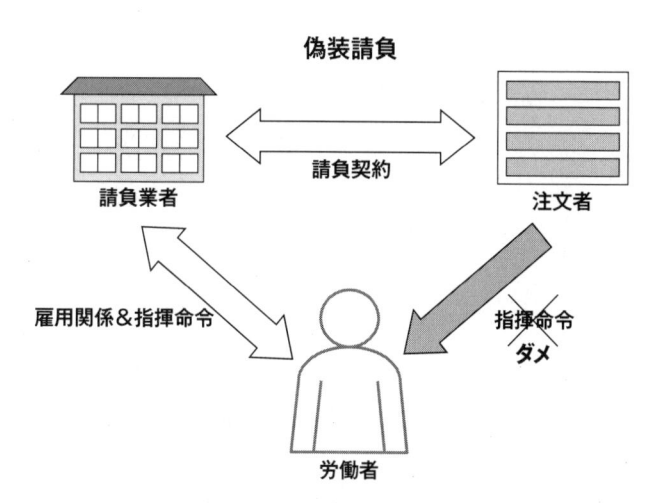

第3章
「派遣」から「紹介」へ——兼業化・移行のポイント

偽装請負

請負業者 ←請負契約→ 注文者

雇用関係&指揮命令 → 労働者 ← 指揮命令 ダメ

められた「定義」を守り、労働者や労働内容などすべての面で精通しておくべきです。

とくに労働環境が多岐にわたることの多い製造業の現場では、単なる請負の技術だけではなく、労働者の労働環境や安全に配慮することや、労働者への情報開示・健康管理等をしっかりと行うことが求められます。

前述した「偽装請負」とは業務請負の基準を満たしていない労働者派遣のことで、職業安定法が定めた法的定義に基づく請負実態のないものをいいます。その法的定義とは次のようなもの

91

です。

① 作業の完成に財政・法律上のすべての責任を負う。
② 労働者を指揮監督する。
③ 労働者に対して、使用者として法的なすべての義務を負う。
④ 自らの機械や設備、機材、必要な材料や資材を使用する。単に肉体的労働力の提供ではないこと。企画・専門技術・経験を必要とする作業をする。

※偽装請負の定義は、請負作業員に対して、発注者の直接指揮命令行為が発生したときに派遣的行為とみなされ、派遣法違反となります。このことが偽装請負の最大の温床になっています。

確かに受け入れる側の企業等にとっては、1社が責任を負う「請負」のほうが、より受け入れやすいという思いがあるでしょう。このような状況では、今後も「偽装請負」は行われる可能性は高いといえます。

第3章
「派遣」から「紹介」へ──兼業化・移行のポイント

派遣から紹介への移行で「偽装請負」問題は解決

請負会社を名乗りながら「請負業の法的定義」に基づく請負実態のない「偽装請負」。そのような状況で労働災害が起これば、労働者を送り込む側だけでなく、受け入れた側も責任を問われます。

そんな場合、「派遣」ではなく「紹介」のシステムを利用することで、いろいろな問題も一発解決です。

紹介事業における「日々紹介（日々雇用）」のスタイルは、人材を日単位で紹介するシステムです。求人企業の繁閑に合わせて労働者の人員を調節することが可能になります。雇用に関しては、紹介事業所が紹介する労働者を求人企業が直接雇用するという形になります。

紹介事業移行で組織・人員体制を見直す

派遣事業から紹介事業へと移行を進める際に、派遣事業よりも少ないスタッフで紹介事業を運営する場合は、紹介事業以外への配置転換や職務編成の変更等、人員体制を大きく見直す必要が生まれます。

たとえば、これまでほかの業務を行ってきた部署で紹介事業の業務を新規に始めることで、人員の有効活用を図る例も見られます。

一般的には、「紹介事業は派遣事業と異なり、給与計算や苦情対応・フォローも、その必要がなくなる」とのことで新規参入する例もあるようですが、それでは「紹介事業は苦情対応やフォローはやらないのか」と思われがちです。決してそんなことはありません。

私たちは苦情への対応やフォローも紹介事業の仕事の一環であると考えています。そうすることがクライアント側からの業務依頼と信用を手にすることが

第3章
「派遣」から「紹介」へ——兼業化・移行のポイント

兼業化して紹介事業を始める場合の組織の区分

派遣事業と紹介事業を兼業する場合、組織や事業を運営するうえでの区分は、次の3つに大別することができます。

1. 完全分業タイプ

規模の大きな企業に多く見られます。

派遣事業と紹介事業を担当する部署や担当者を完全に分かれ、両事業について区分を明確にして対応します。同一の顧客企業から「派遣と紹介を切り替えたい」、または「派遣と紹介両方とも利用したい」などと要望があった場合、適切な部署や担当者に案件を引き継ぎます。

紹介事業の担当者が顧客企業から「派遣スタッフが欲しい」と要望があった場合、派遣担当部署にその案件を引き渡します。派遣事業の営業と紹介事業の

できるからです。

営業では、サービスの性質がまったく異なるので、担当を簡単に異動させることはあまりないといえます。

2. 一部兼務タイプ

法的には派遣事業と人材紹介を同じ担当者が兼務することは可能です。

この「一部兼務タイプ」では、派遣事業と紹介事業を担当する部署・担当者は分かれていますが、同一の顧客企業から「派遣と紹介を切り替えたい」「派遣と紹介両方とも利用したい」等の要望があった場合、1人の担当者がどちらにも対応します。

基本的に派遣事業と紹介事業を分けていますが、紹介事業を利用していた求人者が派遣事業も利用したいと要望した場合、1人の担当者が双方の事業を扱うこともあります。

また、派遣事業の案件の割合が圧倒的に少ない企業では、ごく少数の担当者（1人の場合もある）のほかは、派遣事業の案件はまったく扱わないケースもあります。ただ、これまで紹介事業で対応してきた顧客が派遣を希望したら、

第3章
「派遣」から「紹介」へ──兼業化・移行のポイント

兼業で区分される3つのタイプ

タイプ1

完全分業型

派遣事業と紹介事業を担当する部署や担当者は完全に分かれ、両事業について区分を明確にして対応する。同一の顧客企業から「派遣と紹介を切り替えたい」、または「派遣と紹介両方とも利用したい」などと要望があった場合、適切な部署や担当者に案件を引き継ぐ。規模の大きな企業に多い。

タイプ2

一部兼務型

「一部兼務型」では、派遣事業と紹介事業を担当する部署・担当者は分かれているが、同一の顧客企業から「派遣と紹介を切り替えたい」「派遣と紹介両方とも利用したい」等の要望があった場合、1人の担当者がどちらにも対応する。

タイプ3

兼務型

派遣事業と紹介事業を担当する部署や担当者は分かれておらず、同一部署で同じ担当者が2つの事業を扱っている。事務作業のみ、担当を分ける例も見られる。規模の小さな企業に多い。

そのまま同じ担当者が派遣事業を扱うケースもあります。

しかし、いくら法律上は認められていても、事業所の規模が大きくなるとやはり完全分業にしたほうがよいでしょう。そのほうが社会的信用も得られて、獲得する案件も増えていくと思われます。

「分業」「兼務」の決断を下せずに悩んでおられる事業所がありましたら、私たちに遠慮なくご相談ください。

3．兼務タイプ

規模の小さな企業に多いといえます。

派遣事業と紹介事業を担当する部署や担当者は分かれておらず、同一部署で同じ担当者が2つの事業を扱っています。事務作業のみ、担当を分ける例も見られます。

求人者の都合で、派遣事業でなければならない場合を除いて、紹介事業で受けることを前提としていたり、紹介事業の実績が多いため、組織として分けることはしていないというケースもあります。求人者が派遣事業を希望する場合

第3章
「派遣」から「紹介」へ──兼業化・移行のポイント

兼業の場合の情報管理

でも、同じ担当者が扱います。

この「兼務」に対して、私の考えを繰り返し述べさせていただきます。

派遣事業と紹介事業の業務を兼務できないことはありませんが、現実的にはやはりはっきりと分けたほうがよいと考えます。そうして会社の存在価値を上げる努力をしてこそ、紹介事業のさらなる発展・展開へとつながっていきます。

これについては前にも述べましたが、大事なことなので繰り返します。

派遣事業と紹介事業を兼業する場合は、派遣事業と紹介事業で扱う情報の作成・管理は別々に行わなければなりません。

派遣事業と紹介事業を兼業で行う場合、次の要件をすべて満たす必要があり、情報管理については厚生労働省の「職業紹介事業の業務運営要領」に次の

ように定められています。
(1) 派遣社員と紹介を希望する求職者の個人情報は、別個に作成・管理されていること。
(2) 派遣の依頼者に係る情報と求人者に係る情報は、別個に管理されていること。

ここまでのことをまとめると、派遣事業と紹介事業の情報、とくに求職者の個人情報は明確に区別して管理するようにしましょうということです。そしてその適正な管理のために、それぞれの事業担当者が互いの情報を相互に閲覧できないよう、施錠やアクセス権の設定などの工夫が求められます。

このほか、個人情報は個人情報保護法に従って、利用目的を特定してその目的での利用に関する承諾書のサインを得るなど、適正に管理する必要があります。

第3章
「派遣」から「紹介」へ──兼業化・移行のポイント

個人情報適正管理規定

個人情報適正管理規程

個人情報適正管理規程

1. 個人情報を取り扱う事業所内の職員の範囲は、全職員とする。個人情報取扱責任者は職業紹介責任者 根岸 和彦 とする。
2. 職業紹介責任者は、個人情報を取り扱う1に記載する事業所内の職員に対し、個人情報取扱いに関する教育・指導を年1回実施することとする。また、職業紹介責任者は、少なくとも5年に1回は職業紹介責任者講習会を受講するものとする。
3. 取扱者は、個人の情報に関して、当該情報に係る本人から情報の開示請求があった場合は、その請求に基づき本人が有する資格や職業経験等客観的事実に基づく情報の開示を遅延なく行うものとする。さらに、これに基づき訂正（削除を含む。以下同じ。）の請求があったときは、当該請求が客観的事実に合致するときは、遅滞なく訂正を行うものとする。

    また、個人情報の開示又は訂正に係る取扱いについて、職業紹介責任者は求職者等への周知に努めることとする。
4. 求職者等の個人情報に関して、当該情報に係る本人からの苦情の申出があった場合については、苦情処理担当者は誠意を持って適切な処理をすることとする。

    なお、個人情報の取扱いに係る苦情処理の担当者は、職業紹介責任者 岸 貴史とする。

平成23年10月31日
　　事業所名　株式会社宝木スタッフサービス
　　責任者　　代表取締役　藤井　功
　　　　　　　代表取締役　佐々木　修

個人情報の取り扱いについて

職業安定法には、個人情報についてこのように定められています。

〈個人情報とは、個人に関する情報であって、特定の個人を識別することができるものをいう。他の情報と照合することにより、特定の個人を識別することができることとなるものを含む〉

また、個人情報の収集、保管、使用については次のように規定されます。

〈求職者保護の見地から、個人情報の取り扱いには厳正さが要求される。求職者等の個人情報について、業務に必要のないものは収集してはならない〉

個人情報の収集は原則として、業務の目的を達成するために必要な範囲を超えるものは収集できないというわけです。

この原則から、次のような個人情報は収集してはいけないとされています。

① 人種、民族、社会的身分、門地、本籍、出生地、その他の社会的差別の原

第3章
「派遣」から「紹介」へ——兼業化・移行のポイント

個人情報収集が許される場合

① 特別な職業上の必要性がある場合、このような情報であっても収集でき

ただし、次の条件をともに満たす場合は、前述のような情報収集が許されています。

③ **労働組合の加入状況**——労働運動、学生運動、消費者運動その他社会運動に関する情報。

② **思想および信条**——人生観、生活信条、支持政党、購読新聞・雑誌、愛読書。

因となるおそれのある事項——家族の職業、収入、本人の資産・負債等の情報（税金、社会保険の取り扱いなど、労務管理を適切に実施するために必要なものを除く）。また、容姿、スリーサイズ等、差別的評価につながる情報。

103

② 収集目的を示して、本人から収集する。

前記のような場合において個人情報を収集する場合、次のような公正な手段によらなければなりません。

- 本人から直接収集する。
- 本人の同意を得て、本人以外の者から収集する。
- 高等学校もしくは中等教育学校、または中学校の新規学校卒業予定者の求職者から応募書類の提出を求めるとき→「全国高等学校統一応募用紙または職業相談票（乙）」を使用する。

これらの方法で収集した個人情報は、目的外で使用することは禁じられています。

第3章
「派遣」から「紹介」へ──兼業化・移行のポイント

個人情報の管理基準

紹介事業者は、個人情報の保管や使用について、次のように適切な措置を講じなければなりません。また、求職者等から求められた場合、個人情報の保管や使用に関する措置の内容を説明することが義務づけられています。

① 個人情報を目的に応じて、必要な範囲内において、正確かつ最新のものに保つための措置。

② 個人情報の紛失、破壊、改ざんを防止するための措置。

③ 正当な権限のない者による個人情報へのアクセスを防ぐための措置。

④ 収集目的に照らして、保管する必要がなくなった個人情報を破棄または削除するための措置。

また、次に挙げる事項を含む個人情報の管理規定を作成して、自らがこれを遵守するだけでなく、従業スタッフにもこれを遵守させるよう指導しなければ

105

なりません。

① 個人情報を取り扱うことができる者の範囲に関する事項。
② 個人情報を取り扱う者に対する研修等、教育訓練に関する事項。
③ 本人から求められた場合の個人情報の開示、または訂正・削除の取り扱いに関する事項。
④ 個人情報の取り扱いに関する苦情処理に関する事項。

この場合、苦情処理の担当者等、取扱責任者を定める必要があります。

紹介事業へ移行する際の顧客企業への対応

これまでお付き合いのある顧客企業へは、移行することについてしっかりとした説明をすることは欠かせません。

もしも顧客企業に、これまで派遣されていた派遣スタッフを直接雇用したいという意向がある場合は、派遣事業から紹介事業へ移行した事業者が、紹介事

第3章
「派遣」から「紹介」へ──兼業化・移行のポイント

業の仕組みに基づいて紹介手数料を得る機会ともなります。

また、顧客企業に、移行に伴って派遣事業から紹介事業への切り替えを求める際には、紹介事業の仕組み・関連する手続き・法的義務等について説明（社会保険の加入・雇用主責任・給与直接払いの原則等）して十分な理解を得なければなりません。

さらにきめの細かい対応として、顧客企業にそれまで派遣していたスタッフを直接雇用に切り替える場合に、派遣先企業が直接雇用を進めるための受け入れ体制（就業規則・給与計算・社会保険等）を整備する必要性について説明やアドバイスを行います。

同時に、時給等の労働条件の維持や、有給休暇の引き継ぎなどの依頼も行います。

派遣事業と紹介事業の違いについての説明

派遣事業から紹介事業へと移行または両事業を兼業する場合、顧客企業に対してそれぞれの法的な違いについてわかりやすく説明（雇用関係・雇用主責任・給与直接払いの原則・社会保険加入の義務等）を行い、理解していただくことで、余計なトラブルは回避することができます。

顧客企業の中には、派遣事業と紹介事業の法的な違いなどを理解していない場合もありますので、両事業に詳しい者が文書やパンフレット等の資料を用いてわかりやすく説明します。そうすることで、後日の「いった、いわない」等のトラブルを避ける工夫も欠かせません。

そのためには、適切な説明を行うことができる営業担当者を教育することも必要になります。

第3章
「派遣」から「紹介」へ──兼業化・移行のポイント

求人、求職および求人倍率の推移

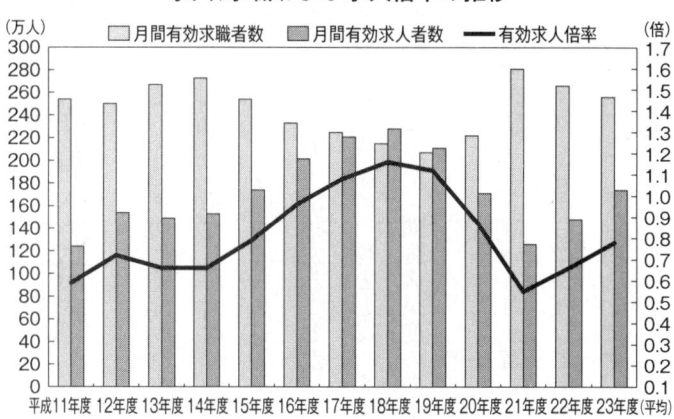

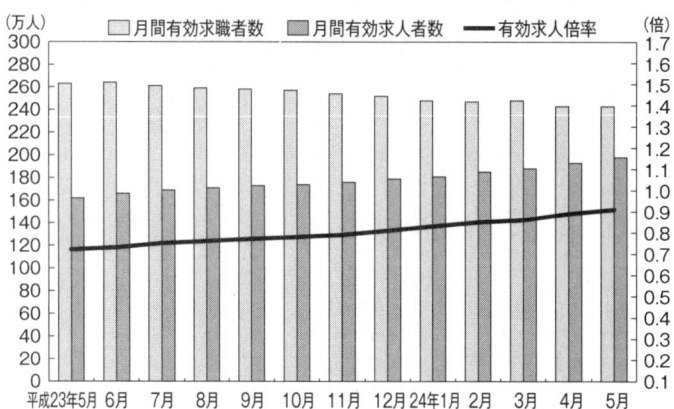

注：月別の数値は季節調整値である。なお、平成23年12月以前の数値は、平成24年1月分公表時に新季節指数により改訂されている。
出所：厚生労働省

クレーム・不祥事への対応

紹介事業が派遣事業と異なるのは、職業安定法上の手続きを遵守している限り、案件成約後に紹介した人材について責任を負う法的義務はありません。

しかし、そうはいってもクレーム等に対しては真摯な対応が大事です。紹介した人材が定着・活躍することが一番のリピート要因です。

顧客管理・営業の一環として、企業からのクレームやスタッフの悩み相談にも対応することが、顧客満足度の向上やビジネスチャンスにつなげることができます。

顧客企業はコストはいくらか高くても、人材の質がよくて、紹介事業側のアフターフォロー等がしっかりしていれば、紹介を頼んでくる。これは私たちの長年の経験によっても明らかです。

第3章
「派遣」から「紹介」へ──兼業化・移行のポイント

移行の際の求職者への対応・サポート

派遣事業から紹介事業へ移行する際には、派遣終了が予定される派遣スタッフへ事前に告知・説明を行い、移行の経緯や今後の雇用について十分に説明します。

事業所の中には、混乱を避けるために告知は一斉に行い、説明会を開く等の対応をしているところもあります。

顧客企業に行うのと同じく、求職者に対しても、紹介事業と派遣事業の違いに関する説明をしなければなりません。移行だけでなく、兼業する場合にも求職者に対して両事業の違いについて説明（雇用関係・雇用形態・給与の支払い等）して理解を得ることが大切です。

説明の機会は、登録時だけでなく案件紹介時など複数回設けたほうがよいでしょう。口頭だけでなく、文書やビデオを用いて説明することで、確実に理解

111

していただけると思います。

兼業の場合、派遣事業と紹介事業の違いについて説明した後に、求職者がどちらに登録をしたいか希望を確認します。

求職者情報を登録する

派遣業と紹介業との兼業の場合、求職者本人の希望がある場合を除いて、求職者登録を重複して行うことはできません。また、相互に入れ替えることも禁じられています。求職者登録については、次のように定められています。

① 労働者の希望に基づいて個別の申込みがある場合を除いて、同一の者について労働者派遣に係る登録と求職の申込みの受付を重複して行わず、相互に入れ替えない。

② 派遣の依頼者または求人者の希望に基づいて個別の申込みがある場合を除いて、同一の者について労働者派遣に係る登録と求職の申込みを重複して

第3章
「派遣」から「紹介」へ──兼業化・移行のポイント

行わず、相互に入れ替えない。

③ 労働者派遣の登録のみをしている派遣労働者に対して、職業紹介を行わない。また、求人申込みのみをしている求人者について労働者派遣を行わない。

④ 紹介予定派遣を行う場合を除いて、求職者に対して職業紹介する手段として労働者派遣をしない。

求職者に対しては、登録時に「派遣」「紹介」のどちらを希望するかを確実に尋ね、本人が希望する場合だけ重複して登録します。その際も、いずれかの登録の際に提出を求めた個人情報は流用できないので、再度登録を行う必要があります。

つまり、求職者の希望で「派遣」「紹介」の両方に登録した場合も、その人の個人情報は別個に作成して登録する、ということです。

派遣事業と紹介事業の売上げ・利益の比較

 売上げ・利益については、顧客企業との関係、さまざまな社会的要因によって左右されますが、傾向として、派遣事業と比べて紹介事業では、同じ顧客企業から継続的な成約を確保しにくく、売上げが一定ではないことが多いものです。

 その一方で、求職者を雇用して賃金・社会保険料等を負担する必要がある派遣業に比べて、紹介業は売上げに占める利益の比率は高いといえます。

 また、紹介業として継続的な成約を確保するために、私たちは常に顧客企業との信頼関係の構築に努めています。

第3章
「派遣」から「紹介」へ──兼業化・移行のポイント

紹介事業の売上げ変動を防ぐために

紹介業務の売上げの変動への対処や募集コスト等を短期間で回収するために、紹介業だけでなく事務受託など他業務でカバーする方法もあります。

売上げの変動に応じて人件費も変動できるように、求人（求職）情報などのコンサルタントについて、基本給にインセンティブ給を上乗せする形をとるケースもあります。

たとえば私たちは第5章で解説する「フランチャイズ・システム」の中で、コンサルタントにおけるインセンティブを設けています。

派遣事業と紹介事業の情報管理

派遣業は紹介業と比べて、派遣スタッフの雇用や派遣に関連して管理を必要

とする書類が多くあります。したがって、事務作業においては、紹介業のほうが派遣業に比べて少なくてすむということはいえそうです。

紹介業の情報管理における注意点は、顧客企業と求職者との面接で個人情報を社外に持ち出すため、個人情報の「持ち出し管理簿」への記入を徹底する必要があります。

情報管理に関して2つの事業の比較をまとめると次のようになります。

紹介事業

管理を必要とする書類は求人・求職票のみで、事務作業は比較的少ない。個人情報の持ち出し管理簿への記入徹底が必要。

派遣事業

雇用契約書、就業条件明示書、給与や社会保険に関する書類など、管理を必要とする書類が多い。

第3章
「派遣」から「紹介」へ──兼業化・移行のポイント

人材ニーズの把握と営業活動について

　顧客企業が求める人材は、派遣業・紹介業の違いというより、対象とする職種や雇用形態（正社員か非正社員か）等、各社がターゲットとする求人案件によっても違ってきます。

　正社員等の長期雇用を前提とした紹介求人の場合、求職者に高度なスキルが求められることが多いのは当然です。そうなると、紹介業としては、求職者と顧客企業とのマッチングのハードルは高くなります。また、職務の内容（質）やキャリアプランがある程度固定されている人材へのニーズが高いといえます。

　マネキンに関しては、紹介業と派遣業でとくに人材ニーズの違いは見られず、「販売力」というスキルが求められます。販売する品物によっても、年齢層等の、人材への顧客ニーズは異なってくるでしょう。

顧客ニーズをどう把握するか

このような顧客ニーズを把握する方法も、求人企業がターゲットとしている求人案件によって異なってきます。

か、普段からのコミュニケーションで把握しておくことも必要でしょう。

ターゲットによってヒアリングの方法や項目等を工夫することで、成約率の向上やミスマッチの減少を目指すことも方法の1つだといえるでしょう。

顧客企業へのアプローチに関しては、窓口となる担当者だけでなく、人事担当者や経営者にまで広げて、顧客ニーズを把握する必要があります。そのためには、営業的な側面において経営や人事に関する知識やノウハウを持って対応することが大事なことです。

また、紹介する仕事の職種、業界の動向、求人企業の特徴などについてもしっかり理解していなければなりません。

第3章
「派遣」から「紹介」へ——兼業化・移行のポイント

独自の情報システム(ソリューション型人材ビジネス)で問題解決

顧客ニーズ把握の１つの方法として、企業と求職者との面接の際に可能な限り同席させてもらうというやり方もあります。

そのほかには、電話でのアポイントで新規の顧客を開拓する営業方法があります。過去に求人を出している他社の媒体などの資料をもとにアプローチすることも少なくありません。

これについては第１章でも簡単に述べましたが、ここであらためて説明してみます。

「ソリューション」とは専門業者が顧客ニーズに応じてシステム設計を行い、必要となるあらゆる要素(ハードウェア、ソフトウェア、通信回線、サポート人員等)を組み合わせて提供するものをいいます。

人材サービスのビジネス分野に当てはめれば、「派遣・紹介・請負・人材コ

119

ンサルティング・雇用管理システム・ITハード＆ソフトの運営」等の提供をクライアントにプレゼンテーションするシステムが、人材ソリューションなのです。

さらに言葉を換えれば、Aさんという求職者が、「1日目は派遣スタッフとして働いて、2日目は紹介してもらった先で働き、3日目は請負の仕事に就きたい」と希望した場合、それに応えられる事業所の体制づくり、幅広いサービス提供を目指すことです。これがソリューション型の人材ビジネスというわけです。

第4章のケーススタディでも、派遣業や紹介業に限らず、人材ビジネスをもっと広い視点で捉えた事業展開を模索している企業がありますので、それらを参考にされることをおすすめします。

第3章
「派遣」から「紹介」へ——兼業化・移行のポイント

COLUMN

「日雇い」「臨時雇い」「常雇」の区分とは

パートや契約社員のことを「非正規労働者」といいますが、現在、労働者の3人に1人が非正規労働者といわれます。そこには不安定雇用や低水準賃金という問題が生まれるのですが、まだ実態の把握が不十分と指摘されています。

このような声を受けて総務省では、調査を重点化して雇用政策へ反映させるために、非正規労働者数の公表を2013年1月から毎月（現行は3カ月に1度）行うように変更しました。

これらの調査の中で、就業者数や完全失業者数を調べる「基本集計」がありますが、現行では雇用契約期間に関する選択肢が1カ月未満を「日雇い」、1カ月以上1年以下を「臨時雇い」、それ以外を「常雇（長期にわたって雇われている人）」の3つに区分しています。

しかし、これでは契約期間が1年を超える有期労働者と無期労働者の区別がつかないので、「常雇」を有期と無期に細分化することに決定しました。

第4章

「派遣」から「紹介」へ
移行・兼業のケーススタディ

より広い人材ビジネスの展開のために

本書は派遣事業から紹介事業への移行、または兼業化をお考えの企業の方へ向けてのアドバイスが大きな目的です。

しかし、本書のテーマはそれだけではなく、もっと広い意味での人材ビジネスの展開を提案しようとするものです。

たとえば、第5章で紹介しているアランチャイズ・システムの中には、アランチャイズ企業から事務を受託するというものがあります。

紹介事業所としての許認可だけではこの業務を行うことはできません。そこで私たちは㈱宝木スタッフサービスのグループ会社である㈱タカラエージェンシーにおいて、「雇用管理受託システム」として事務受託代行業務を行っています。

もちろん、私たちは紹介事業だけでなく派遣事業の許認可も受けています

第4章
「派遣」から「紹介」へ——移行・兼業のケーススタディ

し、請負事業のニーズにも対応しています。そうすることで人材ビジネスをより広く展開することが可能になります。

現在、労働者派遣事業の許認可を持つ事業所のほとんどが職業紹介事業の許認可も受けているのは、紹介予定派遣を行うためです。派遣元雇用から求人者への直接雇用紹介のために紹介予定派遣をするには、職業紹介事業の許可証が必要だからです。

しかし、紹介予定派遣を行うために取得した職業紹介事業の許認可なので、それ以外の紹介事業についてどのようにビジネス展開すればよいのかわからないままというケースは、意外に多いといえます。

前述の、私たちが実施している「雇用管理受託システム（事務受託代行業務）」についてもう少し説明を加えれば、たとえば私たちタカラギグループ内の給与計算センターでは、製造業関連の管理事務作業を受託することで利益を得ることができます。依頼される顧客企業の総売上げの賃金計算額のわずか数％でも、人員コストとしては十分の額になります。

一方、私たちに委託する企業は賃金計算額の1〜5％程度の額を支払うことで、それだけ業務の手間が省けるということです。

次に紹介するのは、これまで私がコンサルティングしたり見聞した事例で、さまざまな状況下での「派遣」「紹介」「請負」事業の兼業、または派遣事業から紹介事業への移行を行った6つの事業所の例です。

ケーススタディ――I

紹介事業から派遣事業へ移行し、再び紹介事業へ
時代の流れに合わせた人材事業の経営《A社》

A社の事業沿革

有料職業紹介事業の許可を取得してマネキンと配ぜん人の紹介を開始しました。その後、労働者派遣事業（一般）の許可を取得。26業務、マネキン、配ぜん人、事務職を派遣しました。現在、総合人材会社として一般派遣から

第4章
「派遣」から「紹介」へ——移行・兼業のケーススタディ

紹介へ移行中です。人材紹介部門も就職紹介へと業務シフト、職業紹介部門は「日々・期間・常用」紹介へ業務シフトを図っています。

A社の業務の変遷

スタートは、民営職業紹介事業の許可取得でしたが、その後、時代の流れの中で、求人者側から圧倒的な労働者派遣の依頼に応えるため、派遣事業の許可を取得して、派遣事業に重きを置きながら職業紹介と兼業をしてきました。

ところが、今回の労働者派遣法改正に照準を合わせ10月の施行開始に派遣から紹介への移行準備をしていますが、今後は新しい形での職業紹介事業の運営を社内で取り組んでいるところです。

派遣法改正の対応策

A社のスタートは、マネキンの職業紹介からのスタートですので、もとも

と紹介ノウハウはお持ちのはずですが、求人者側の強い意向により紹介から派遣の依頼にシフトしたものと思われます。

今回の改正派遣法の施行で、派遣会社の派遣コンプライアンスを維持することが困難になりますので、派遣から紹介へシフトする流れになりますが、決して派遣法のすべてが人材ビジネスに当てはまらないわけではありません。

長期派遣・26業務派遣・紹介予定派遣等、紹介業にはない派遣業のよいところは活用しましょう。

人材紹介への対応策

A社が職業紹介の許可を取得した時代は、6業種の中のマネキンでのスタートだと思われますが、現在では、民営職業紹介の許可要項に総合人材紹介として、人材紹介（ホワイトカラー＝就職紹介）と職業紹介（ブルーカラー＝日々・期間・常用紹介）の業務ができるのですから、今後は、柱となる業

第4章
「派遣」から「紹介」へ──移行・兼業のケーススタディ

種を全面に打ち出しながら、全地域・全職種にも視野を広げてアライアンス的人材紹介にも取り組むべきです。

派遣から紹介への移行と兼業への取り組み方

現時点での登録派遣社員を派遣先の直接雇用社員に移行するのではなく、登録派遣社員を職業紹介登録者として再登録手続きをしたうえで、職業紹介法に準じて登録者を紹介します。

ただし、この派遣法改正のコンプライアンスを求人者サイドによく理解していただくためには、社内に人材コンサルタントが何名配置されているかがポイントになります。

人材紹介担当の育成が会社成長の決め手となり、他社との差別化を図ることができるでしょう。

ケーススタディ──Ⅱ

時代を見据えて「派遣」と「紹介」の兼業を決断

求人企業・求職者のきめ細かい対応を心がける《B社》

B社の事業沿革

労働者派遣事業(一般)の許可取得で26業務、イベント、リサーチ、営業職の派遣を開始。有料職業紹介事業の許可取得は、紹介予定派遣のニーズに合わせてのものでした。アウトソーシング事業(業務委託)はイベント、リサーチ、販売職において実施しています。

B社の業務の変遷

当社は、人材ビジネスにおいて、派遣だけに重点を置いて事業を推進してきましたが、今回の派遣法改正に伴い、派遣業務を続けながら紹介業務との

第4章
「派遣」から「紹介」へ──移行・兼業のケーススタディ

兼業を開始することを決断しました。

当面は派遣業務を中心とし、紹介業務と兼業しながら、法の移行を見据えつつ、求人者・求職者に対して派遣から紹介への丁寧な移行説明を繰り返し、徐々に紹介への移行を図っています。

派遣法改正の対応策

派遣抵触日期限の対象となる派遣登録者問題のコンプライアンスと、それに伴った登録派遣社員の求人者への直接雇用紹介時に、紹介予定派遣の紹介手数料として売上げの計上をしなければなりません。

したがって、各種契約書や覚書（職業紹介・人材紹介・人材派遣・紹介予定派遣等）を早急に交わしておかなければ、派遣先に請求をすることができません。

また、派遣業務から紹介業務へ兼業・移行するに至っても、現在の派遣登録者の方々に紹介登録へ移行していただき、そのうえで職業紹介をしなけれ

ば会社の売上げ計上を維持することができません。

人材紹介への対応策

人材派遣から人材紹介へ兼業・移行をし、登録紹介者の雇用責任は求人者側にあるからといって、ただ人材の紹介だけをしていればよいというスタンスでは、求人者から信頼されて仕事の依頼を受けることはできません。

現代の人材紹介は、ソリューション型人材紹介（募集～受付～紹介～就労事務代行～給与事務代行～各種労働帳票類）等の求人者側事務代行（雇用管理代行）システムをプレゼンできるように構築しておかなければなりません。

派遣から紹介への移行と兼業への取り組み方

派遣と紹介では、ビジネスモデルや労働コンプライアンス等が大きく違いますので、兼業においての担当部署・責任者の配置は分けて設置することで社内競合が生まれ、切磋琢磨されることとなります。また、紹介は派遣より

第4章
「派遣」から「紹介」へ──移行・兼業のケーススタディ

ケーススタディ──Ⅲ

他社の先を行く人材ビジネスを模索する

紹介業についてさらに熟知することに努める《C社》

C社の事業沿革

労働者派遣事業（一般）の許可を取得し、主に26業務に対しての派遣を行

も営業社員は少なくてすみますが、インセンティブ社外コンサルタントの人材を活用するのも営業の一環となるでしょう。社員育成の人材紹介コンサルタントとして参考まで、次のような講習、講座等があります。

- 職業紹介責任者講習
- 職業紹介事業従事者研修
- 職業紹介士（社団法人全国民営職業紹介事業協会の認定）
- 人材紹介コンサルタント養成講座

いました。有料職業紹介事業の許可取得後は、紹介予定派遣のニーズ対応と派遣職種との併合紹介を行いました。

C社の業務の変遷

これまでは派遣26業務と派遣就職者のシステム「紹介予定派遣」を中心に取り組んできました。今後は紹介業務を熟知して、求人者への営業体制を「派遣」「紹介」「請負」と営業の幅を広げようとしています。

そのために、各営業マニュアルを確立させ、それに伴った専門の人材コンサルタントの育成に重きを置こうと考えています。人材のことなら当社へお問い合わせいただけるような会社を目標にして、総合人材ビジネスカンパニーとしての確立を目指しています。

派遣法改正の対応策

まず、今回の改正派遣法の内容をよく把握してください。これまでの派遣

第4章
「派遣」から「紹介」へ──移行・兼業のケーススタディ

元の派遣法解釈においては、派遣者に対して派遣抵触日・派遣切り・給与からの控除科目・適正派遣給与等、派遣事業主の過大解釈によるグレーゾーンが多々問題にされてきました。

これを是正し、規制したのが改正派遣法ですので、これらの人材派遣コンプライアンスを取り入れて、派遣で規制された点をよく理解して人材紹介に上手にシフトすることです。

人材紹介への対応策

人材派遣と職業紹介の手配責任の所在において、たとえば配ぜんやマネキン業務で派遣50名との要請があった場合、必ず50名を派遣しなければ派遣先業務に支障をきたします。業務案件によっては派遣会社にペナルティーを課されることがあります。

一方、紹介での対応は、求人先への報告や連絡・相談のうえ、0名〜50名の間を手配して紹介する形になりますので、派遣と違って請負的なニュアン

しかし、紹介所の信頼と業務の継続・拡大を望まなければならないので、依頼数分の人員手配には努力しなければなりません。人材紹介においても、「紹介は雇用責任がないから」ではすまされません。

派遣から紹介への移行と兼業への取り組み方

紹介との兼業で最初に着手する紹介技法は、人材紹介の一般就職者紹介業務です。

営業手法の就職紹介対象者は求人者からの依頼による一般紹介登録型(パーソナルプレースメント)で、人材スカウト型ヘッドハンティング(エグゼクティブ・サーチ)や再就職・転職型(アウトプレースメント)ではありませんので、それほど難しくはありません(41ページ参照)。

一般就職紹介の技法で、求人者就職案件・求職者就職案件とのマッチングを成立させるのですが、その求人者・求職者案件情報を自社のみの案件に

第4章
「派遣」から「紹介」へ——移行・兼業のケーススタディ

ケーススタディ——Ⅳ

求人企業、求職者の多様なニーズに対応するのが目標

さまざまなビジネス展開を図る《D社》

D社の事業沿革

労働者派遣事業（一般）の許可取得の際は、26業務を含めた派遣業務全般、とくにマネキンの派遣を行っていました。有料職業紹介事業の許可取得は、紹介予定派遣を行使するためでした。

現在、派遣、紹介の他にアウトソーシング事業（業務委託）や各種の請負業務を行っています。また、教育研修事業として、派遣・紹介登録者を含め

のか、紹介事業許可取得者同士のアライアンスまたはアランチャイズ・システム（157ページ参照）にエントリーして幅広い情報を取得するかで、求人者と求職者との就職案件に成約率の違いが生まれます。

た業務研修も行います。

D社の業務の変遷

派遣事業から始めて、職業紹介と併用しながら兼業していましたが、ある時期より求人者から「派遣から紹介に変えてほしい」という要望を多数受けるようになりました。背景として考えられるのは、求人者側において「雇用責任がない」「労務管理の軽減」等の点があったものと思われます。

そんな状況の中で、今回の派遣法改正で現状のままでの派遣システムでは、求人者・派遣事業者とも派遣コンプライアンスをクリアすることが困難になったので、派遣事業を維持しつつ、派遣事業から紹介事業に新たに重点を移すことにしました。

派遣法改正の対応策

今回の派遣法改正での最大の焦点は、30日以内の短期派遣の禁止、派遣料

第4章
「派遣」から「紹介」へ──移行・兼業のケーススタディ

金と派遣労働者の賃金の差額（マージン率）の情報公開の義務化です。26業務派遣以外の職種に対しての派遣事業は大きな問題となっています。

また、厚生労働省では、2010年3月1日から職業安定局需給調整事業課の管轄でWeb上に【人材サービス総合サイト】がオープンしました。そこでは労働者派遣事業・職業紹介事業の許可、届出事業所の一覧や、行政処分（改善命令、停止命令、改善・停止命令、廃止命令）一覧が公開されています。

現在も派遣の法令遵守違反は、【人材サービス総合サイト】に公表されていますので、くれぐれも改正派遣法の内容は十分に理解するようにしてください。

人材紹介への対応策

派遣から紹介へシフトされたときの、求職者への対応に関する注意点ですが、派遣登録と紹介登録では許可事業の意味合いが違いますので、本人の承

諾なしで、安易に派遣登録から紹介登録手続き変更するなど、社内で勝手に事務処理することはできません。派遣は派遣、紹介は紹介です。

また、求人者への対応ですが、紹介所の雇用責任はありませんが雇用主に代わって登録者のアフターケアに努め、雇用主の労務管理軽減の一環として紹介登録者の「雇用管理受託」システムを駆使することをおすすめします。

派遣から紹介への移行と兼業への取り組み方

紹介事業においては、紹介所と求職者との間で交わさなければならないのは、職業紹介登録に関しての「覚書」です。

また、紹介所と求人者との間で交わさなければならないのは、職業紹介あっ旋に関しての「覚書・協定書・契約書・個人情報管理規定・苦情処理管理規定」等です。

これらをしっかりと交わしておけば、先々のトラブルを未然に防ぐことになります。

第4章
「派遣」から「紹介」へ──移行・兼業のケーススタディ

ケーススタディ──Ⅴ

35年の紹介業キャリアに上乗せ
新たに派遣業との兼業で発展を期す《E社》

E社の事業沿革

有料紹介事業の許可を取得した1980年から、配ぜん人、調理士、マネキンの紹介、人材就職のあっ旋を手がけていました。2001年、労働者派遣事業(一般)の許可取得後は事務職、配ぜん人、マネキンの派遣も行い、その他に結婚式場へのアウトソーシング事業(業務委託)、F&B、人材ビジネスに関するコンサルタント事業も展開しています。

E社の業務の変遷

1980年に民営職業紹介の許可を取得した時代は、6業種のうちの1業

種として配膳業務でスタートしました。その後、関連業種として、新たな許可申請をして調理士の許可を取得いたしました。

また、支店を出すにも、各都道府県の県庁所在地で許可申請をして支店展開をしていきました。

その流れの中で派遣事業のシステムを求人者から要望されるようになり、労働者派遣事業の許可を取得して、現在は人材派遣、業務委託等と兼業しながら、人材紹介を主力として運営しています。

派遣法改正の対応策

改正派遣法が成立してから、派遣事業者の中で、一般派遣から特定派遣の切り替え現象が起きています。その内容は、一般派遣では短期派遣は禁止となりますが、特定派遣では派遣ができるわけです。

しかし、特定派遣の社員はその会社の正規社員であり、給与も保証されていることが条件なのですが、派遣社員に出来高的支払いをすると「偽装特定

第4章
「派遣」から「紹介」へ──移行・兼業のケーススタディ

派遣」となりますので、くれぐれもこのグレーゾーン派遣にはならないようにしてください。

人材紹介への対応策

人材紹介の解釈として、人材（無期）・職業（有期）紹介とに二分されますが、職業紹介をベースとしたうえで、人材就職紹介に力点を置かれるのがよいと思います。

就職紹介の手数料率は年俸の10％〜30％で、年俸の上限・下限の設定がないので、高校生のあっ旋からホワイトカラーの管理職、高齢者のあっ旋まで、就職紹介の依頼がありましたらどなたでも対象になります。

したがって、紹介成立の可能性が高く、手数料の売上げの即効性に結びつきます。この就職紹介においての契約書は「人材紹介契約書」となります。

派遣から紹介への移行と兼業への取り組み方

現時点での派遣登録者が紹介登録者への移行で、新たな登録手続きを行わなければその人への紹介業務はできません。また、それに伴う事務作業では、派遣ソフトから紹介ソフトへの登録の入力作業もクリアしなければなりません。

派遣事業を主力としている事業所は、この作業が9月までに完了できるかがカギとなります。

ただ単に派遣から紹介にと安易に考えず、求人者への理解、求職者への理解、求職者のダブル登録、契約書の確認、紹介ソフトの見直し、紹介法の理解と法令遵守など、社内においても担当コンサルタントを育成して、準備作業を繰り返しながら社内整備をすることです。

第4章
「派遣」から「紹介」へ——移行・兼業のケーススタディ

ケーススタディ—Ⅵ

ホワイトカラーに特化した、人材紹介の看板を掲げて
大手から独立起業をした人材コンサルタント《F社》

F社の事業沿革
有料職業紹介事業の許可を取得して、エグゼクティブ・サーチ型の人材紹介業務を展開しています。

F社の業務の変遷
人材紹介会社でキャリアコンサルタントとして勤務後、独立して開業しました。現在、ホワイトカラーに特化した紹介業務（専門的・技術的職業、管理的職業、事務的職業、販売の職業）や転職希望者への対応を専門業務として取り組んでいます。

創業後は、クライアントからの求人案件と、それに伴う求職者案件との即効性を要する情報量不足などで、思うようなマッチングには至っていません。今回の派遣法改正で就職型人材紹介会社において何か影響が出てくるのか、答えは見出していません。

派遣法改正の対応策

今回の派遣法改正で「派遣労働者の無期雇用への転換推進措置を努力義務化」とありますが、これは、就職型人材紹介会社には朗報です。人材派遣では派遣登録者の有期雇用から無期雇用への転換が最大の目的ですので、今回の派遣法改正で、求人者側が労働者確保をするには、労働者の直接雇用か職業紹介での人材確保となります。

また、直近の問題として「派遣抵触日」、3年後の「労働契約申込みみなし制度」を接点として、求人企業と派遣登録者市場に人材コンサルタントとしてのアプローチをして、就職紹介あっ旋につなげるべきではないのでしょ

第4章
「派遣」から「紹介」へ——移行・兼業のケーススタディ

うか。

人材紹介への対応策

　人材紹介事業の就職専門会社には及びませんが、職業紹介事業者も一般就職紹介を中心に就職紹介活動をしています。就職紹介の難しい点は「求める人材と求められる人材」とのマッチングのタイミングです。

　ケーススタディの「C社」の項でも紹介しましたように、一つの案件を独自で成立させれば、手数料を全額計上することができますが、就職紹介を成立させるためには、即効性が必須条件です。

　そのためには、アライアンス的組織を確立することが就職紹介案件の成約率を高めることになりますので、人材紹介事業者同士のアライアンスはもとより職業紹介事業者とのアライアンスも結ばれたほうが、案件の充足率が高まります。

人材紹介事業者と職業紹介事業者の取り組み方

同じ許可取得の中で、ホワイトカラー紹介とブルーカラー紹介とに二分されていますが、両者間に許可業務の規制はありません。

職業紹介事業者の業務は「日々・期間・常用・就職」紹介となり、人材紹介事業者の業務は「就職」紹介となりますが、今後もさらなる規制が予測される派遣法改正で、派遣事業者が今後は緩和される人材紹介事業に移行してきています。

人材ビジネス業界において、ここ数年は下克上状態になるものと予測されますので、人材就職紹介を基盤として、ソリューション型（派遣・人材紹介＆職業紹介・請負業務委託・雇用管理受託）の総合人材ビジネスの運営をおすすめします。

第4章
「派遣」から「紹介」へ──移行・兼業のケーススタディ

COLUMN
ハローワークの移管をめぐる国と地方の綱引き

公共職業安定所（ハローワーク）は無料で就業相談や職業紹介、雇用保険に基づく失業者の認定や失業給付、企業への助成金給付を行う国の出先機関です。

この数年、ハローワークの地方への移管を求める声が都道府県から上がっていますが、厚生労働省はこれに反対しています。現在でも自治体は国に届け出れば職業紹介ができますが、人材や財源が乏しく、Uターン就職など一部の分野に限定、ノウハウを持つ民間業者に委託することが多いのです。

「県がやれば国がやるより少ない人数で効果的な作業ができる」と胸を張る県もありますが、都道府県によってまだ微妙に温度差があるようです。

ハローワークでは就業支援のほかに雇用保険、事業所助成金等の取り扱いを同時に行いますが、都道府県が求めるのはハローワークの職業紹介だけ。これでは利用者にとって不便だというのが厚労省の移管反対の理由の1つ。

それでも自治体との連携の必要性は認識しているようですが……。

第5章 人材ビジネスのニューモデル アランチャイズ

アランチャイズとはなにか

私たちが2007年から提唱して、実際に業務展開を行っているのがアランチャイズ・システムです。このシステムについての問い合わせは、とくに改正派遣法の施行が決まって以降、急増の一途を見せています。

アランチャイズは、紹介事業者と宝木スタッフサービスの系列であるタカラエージェンシーを本部として、「職業のあっ旋」の業務・情報ネットワーク共有等の提携を結ぶグループのことを指す呼称です。

アランチャイズとは私たちの造語です。フランチャイズ（franchise）に企業同士の連携というアライアンス（alliance）の要素を加えたシステムがアランチャイズなのです。

アランチャイズ加盟企業と求職者登録をした方たちが、それぞれにシステムの入り口であるサイト「i-takara.biz」にアクセスすることで、各アランチャイ

第5章
人材ビジネスのニューモデル──アランチャイズ

ズ企業同士は、求人・求職情報を共有化できるように構築されています。これで個々のアランチャイズ企業はさらなる発展が期待できるというわけです。

フランチャイズやアライアンスとの違い

　アランチャイズとフランチャイズの決定的な違いは、フランチャイズのように加盟企業に対して強い拘束がないことです。アランチャイズ契約を結んでも、フランチャイズ店のように、常に「親」の縛りはありません。
　通常のフランチャイズ契約では、加盟店は親会社の商標、経営ノウハウを用いて、商品販売その他の事業を行う権利を与えられる代わりに、その見返りとして一定の対価を支払います。
　一方、アランチャイズでは契約時に加盟手数料はかかりますが、初年度に関わる各種の事務処理作業を効率よく行うことで、未経験者も不安なくアランチャイズ契約できる仕組みになっています。

第5章
人材ビジネスのニューモデル──アランチャイズ

有料職業紹介事業許可条件通知書

商標登録証
(CERTIFICATE OF TRADEMARK REGISTRATION)

登録第5202935号
(REGISTRATION NUMBER)

商標(THE MARK)　（標準文字）

アランチャイズ

指定商品又は指定役務並びに商品及び役務の区分(LIST OF GOODS AND SERVICES)

第35類　　職業のあっせん

商標権者(OWNER OF THE TRADEMARK RIGHT)

栃木県宇都宮市東宿郷5-2-5
株式会社タカラエージェンシー

出願番号(APPLICATION NUMBER)　　商願2008-026076

出願年月日(FILING DATE)　　平成20年 4月 4日(April 4,2008)

この商標は、登録するものと確定し、商標原簿に登録されたことを証する。
(THIS IS TO CERTIFY THAT THE TRADEMARK IS REGISTERED ON THE REGISTER OF THE JAPAN PATENT OFFICE.)

平成21年 2月 6日(February 6,2009)

特許庁長官(COMMISSIONER, JAPAN PATENT OFFICE)

鈴木隆史

企業間の綿密なネットワーク＝アランチャイズ

人材ビジネス業界において、各社間の競争を優位にするために、これまでの

フランチャイズとともにアランチャイズの造語の元となったアライアンスについても少し説明しておきましょう。

アライアンスとは、複数の企業がお互いに経済的なメリットを得るために、緩やかな協力体制を持つ関係をいいます。

一頃よくいわれたM&A（企業買収・合併）と違って、1つの企業に統合するのではなく、時間や資金をあまり要することなく展開し、互いの解消も容易にできる点にあります。

アランチャイズとはフランチャイズとアランチャイズの「いいとこ取り」をして構築された新システムで、厚生労働大臣許可の有料職業紹介事業許可を取得した事業所同士の民間人材ネットワークビジネスであるといえるでしょう。

第5章
人材ビジネスのニューモデル──アランチャイズ

アランチャイズ加盟店との関係

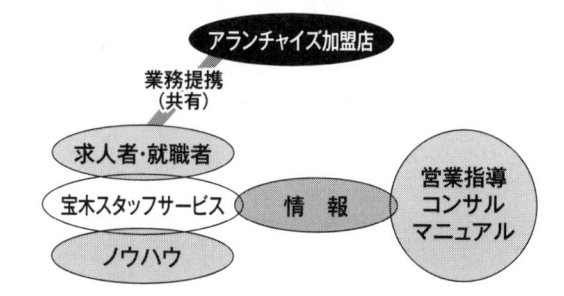

- アランチャイズ加盟店
- 業務提携（共有）
- 求人者・就職者
- 宝木スタッフサービス
- ノウハウ
- 情報
- 営業指導コンサルマニュアル

業務提携アランチャイズ網

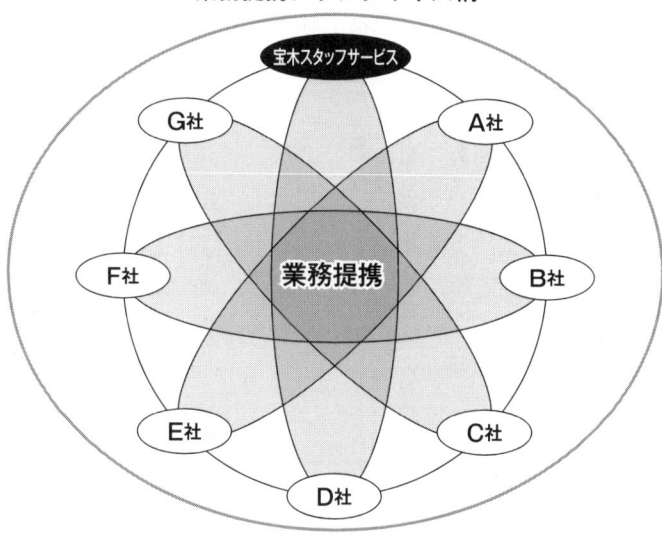

宝木スタッフサービス／G社／A社／F社／B社／E社／C社／D社 ── 業務提携

ライバルもしくは潜在的なライバル関係にあって独立した企業同士が、公式的あるいは非公式的に締結する相互的で長期志向を持った企業関係、それがアランチャイズ・システムです。

私たちがこの新システムを立ち上げた動機を挙げると次のようになります。

① 紹介事業者同士の求人者・求職者の紹介（これは派遣との大きな違い）
② 全地域・全職種の相互リンクが可能
③ 求人者情報・求職者情報の共有
④ 求人者（求職者）からの申込みによる求職者（求人者）探しができる

※単独紹介所同士のアライアンスでは、ある意味で同業競合者同士であるため、求人・求職の情報開示に限りがあり、紹介所同士のマッチングの出会いにも限りがある。このシステムへの参加で全地域・全職種の紹介にエントリーができ、「民間の人材紹介ネットワークシステム」構築が可能になる。

⑤ 職業紹介規定による日々紹介・期間紹介・常用紹介の相互ヘルプ体制の構

第5章
人材ビジネスのニューモデル――アランチャイズ

⑥人材紹介規定による、就職紹介成立のための情報の共有・構築
⑦紹介案件成立後の手数料シェアリング

手数料シェアリングについては参考例として次ページの表をご覧ください。

ちなみに、アランチャイズ会員同士による職業紹介事業者間の業務提携については、「職業安定法（昭和22年法律第141号）の規定により適法に許可を受け、又は届出をした職業紹介事業者に限られるものであること」と定められています。

アランチャイズ・シェアリング表の見方

次ページの表に記載されている仮想A社、仮想B社は、アランチャイズ会員である紹介事業所を表しています。この表はあくまで例ですが、たとえばA社＝求人者紹介事業所、B社＝求職者紹介事業所と置き換えるとわかりやすいと

人材（就職）紹介・手数料請求のアランチャイズ・シェアリングの例

年俸	手数料：15%	手数料：20%	手数料：25%	手数料：30%
500万円	750,000円 A社：375,000円 B社：375,000円	1,000,000円 A社：500,000円 B社：500,000円	1,250,000円 A社：625,000円 B社：625,000円	1,500,000円 A社：750,000円 B社：750,000円
600万円	900,000円 A社：450,000円 B社：450,000円	1,200,000円 A社：600,000円 B社：600,000円	1,500,000円 A社：750,000円 B社：750,000円	1,800,000円 A社：900,000円 B社：900,000円
700万円	1,050,000円 A社：525,000円 B社：525,000円	1,400,000円 A社：700,000円 B社：700,000円	1,750,000円 A社：875,000円 B社：875,000円	2,100,000円 A社：1,050,000円 B社：1,050,000円

思います。

表ではA社、B社はそれぞれ50％ずつをシェアするように記されていますが、お互いの情報量や案件内容等、双方の紹介事業所単位の責任に基づいた事前の契約によってその比率は変わることになります。

ここでくれぐれも誤解をしないでいただきたいのは、これはA社、B社というアランチャイズ会員同士の2社が求人者情報と求職者情報を共有したことによる成果のシェアであり、そこからタカラエージェンシーにロイヤルティ等は発生しないということです。

第5章
人材ビジネスのニューモデル──アランチャイズ

求人者依頼の事例

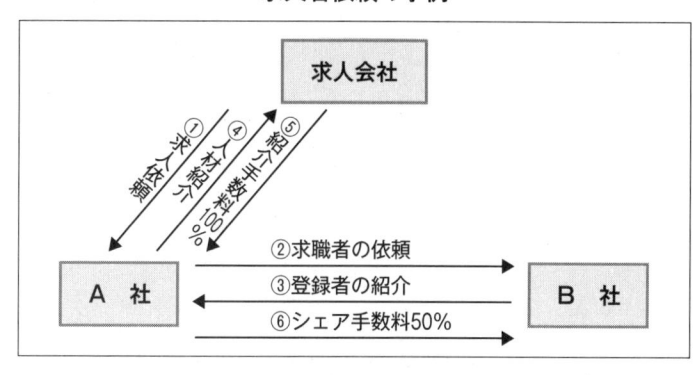

```
                          求人会社
                      ↗   ↑   ↖
              ①求人依頼 ④人材紹介 ⑤求職者採用100%
                  ↙   ↓   ↘
    A 社 ─────②求職者の依頼─────→ B 社
         ←────③登録者の紹介─────
         ─────⑥シェア手数料50%───→
```

求職者依頼の事例

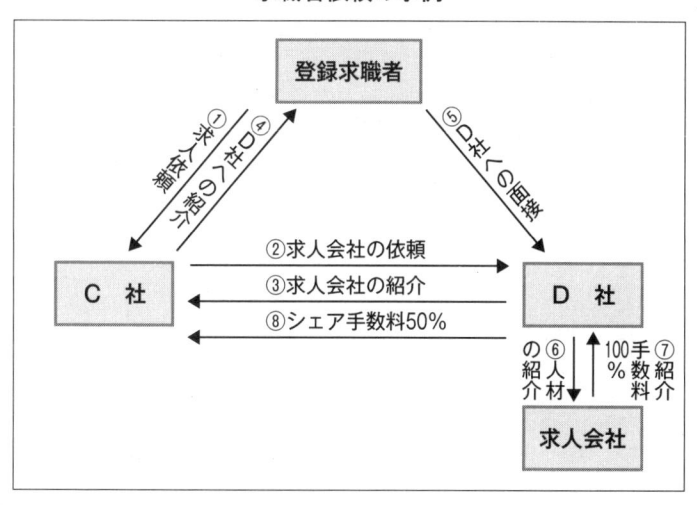

```
                         登録求職者
                      ↗   ↑         ↘
              ①求人依頼 ④D社の紹介  ⑤D社への面接
                  ↙               ↘
    C 社 ─────②求人会社の依頼─────→ D 社
         ←────③求人会社の紹介─────
         ←────⑧シェア手数料50%───
                                    ⑥人材の紹介 ↓ ↑ ⑦紹介手数料100%
                                        求人会社
```

161

これこそが私どもが熟慮を重ねたあげくに構築した独自のアランチャイズ・システム「民間の人材紹介ネットワーク」の一番のポイントであるといえます。

・シェアリングにあたっての2社相互提示物は、有料職業紹介事業許可証・職業紹介責任者講習会受講証明書・個人情報適正管理規定等があります。
・就職紹介成立の手数料シェア比率は、紹介事業所単位での覚書を交わしてください。

アランチャイズ・システムはこんな人におすすめ

タカラエージェンシーがアランチャイズの本部を務め、日本全国の地域を問わず、当社の直営支店や同業他社との提携でつくり上げたネットワークを活かして、民営のハローワークとして即時の職業や人材の紹介を行うのが、アランチャイズ・システムの第一の目的です。

第5章
人材ビジネスのニューモデル──アランチャイズ

お問い合わせから開業までのフロー

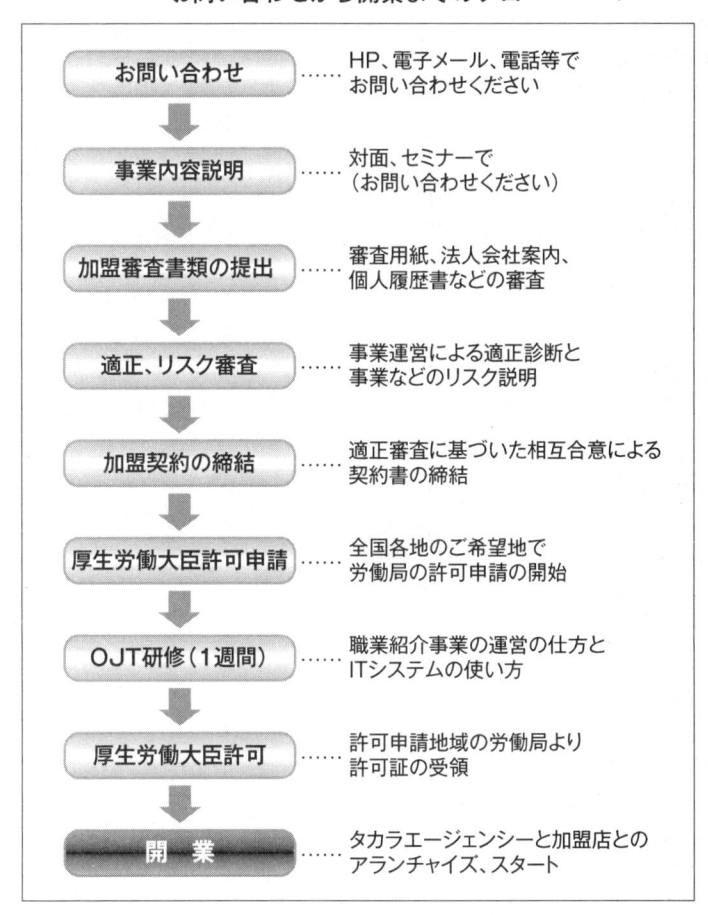

- **お問い合わせ** …… HP、電子メール、電話等でお問い合わせください
- **事業内容説明** …… 対面、セミナーで（お問い合わせください）
- **加盟審査書類の提出** …… 審査用紙、法人会社案内、個人履歴書などの審査
- **適正、リスク審査** …… 事業運営による適正診断と事業などのリスク説明
- **加盟契約の締結** …… 適正審査に基づいた相互合意による契約書の締結
- **厚生労働大臣許可申請** …… 全国各地のご希望地で労働局の許可申請の開始
- **OJT研修（1週間）** …… 職業紹介事業の運営の仕方とITシステムの使い方
- **厚生労働大臣許可** …… 許可申請地域の労働局より許可証の受領
- **開業** …… タカラエージェンシーと加盟店とのアランチャイズ、スタート

派遣法の改正は、この状況を受けて新たな展開を図ることでビジネスチャンスを自分のものにすることができます。的確なノウハウをもとに、適切な指導を受け、厚生労働大臣許可という大切な「宝物」を最大限に活かすことでそれが可能になるのです。

アランチャイズ・システムは、とくにこんな方におすすめできます。

・**個人起業を検討中の方**――新しく人材ビジネスに参入したい。

・**独立開業を検討中の方**――現在、現役で活躍しているが、自分が得意とする業職種で参入したい。

・**同業種を運営中の方**――将来的に不安があるので加盟したい。求人先と求職者の登録が増えないので加盟したい。業務運営に限度があり、うまく展開しないので加盟したい。後継者がいないので加盟したい。

・**派遣事業から紹介事業へ参入を検討中の企業**――限界の見える「派遣」から転じて、「紹介」で活路を切り開きたい。

・**人材ビジネスの新規参入を検討中の企業**――現在の得意業務として取り入

第5章
人材ビジネスのニューモデル──アランチャイズ

れたい。自社の人材を含めての人材流通を考えたい。ここにきて新たな流れが生まれようとしている人材ビジネス業界で、今後さらに強力な全国ネットワークを確立するために、私たちはアランチャイズ加盟店への参入をお待ちしております。

アランチャイズの3大特長

私たちが推進しているアランチャイズ・システムの特長をまとめてみましょう。このシステムは、就職者の紹介、日々雇用・期間雇用・常用雇用を中心とした人材の紹介など現代の雇用システムに絶妙にマッチしています。

とくに日々雇用については、今般の改正派遣法で「一部禁止」となりましたが、紹介事業においては「日々雇用」でそれに代わる求職者へのサービスが可能になります。

① 原価や生産設備費が発生せず、手数料や相談料が売上げとなる

② 事業所費、設備投資、原価費用などが少なくてすむ
③ 景気や季節変動に左右されることが少なくてすむ

厚生労働大臣許可事業なのでコンプライアンス（法令遵守）的な規制はありますが、それだけ社会の信用度は高くなっています。

新発想のシステムで完璧なフォロー体制

アランチャイズ・システムの相関図やネットワークは157ページで図によって説明していますが、先述したようにその窓口は宝木スタッフサービス系列のタカラエージェンシーが務めます。

アランチャイズ企業は、私たちが運営している求人情報サイトのi-takara.biz（アイタカラドットビズ）に登録された求職者の情報を、別のアランチャイズ企業同士で互いに共有することで、人材紹介というビジネスの幅がより広がっていくことになります。

第5章
人材ビジネスのニューモデル──アランチャイズ

i-takara.biz を活用して求人情報と求職者を集める

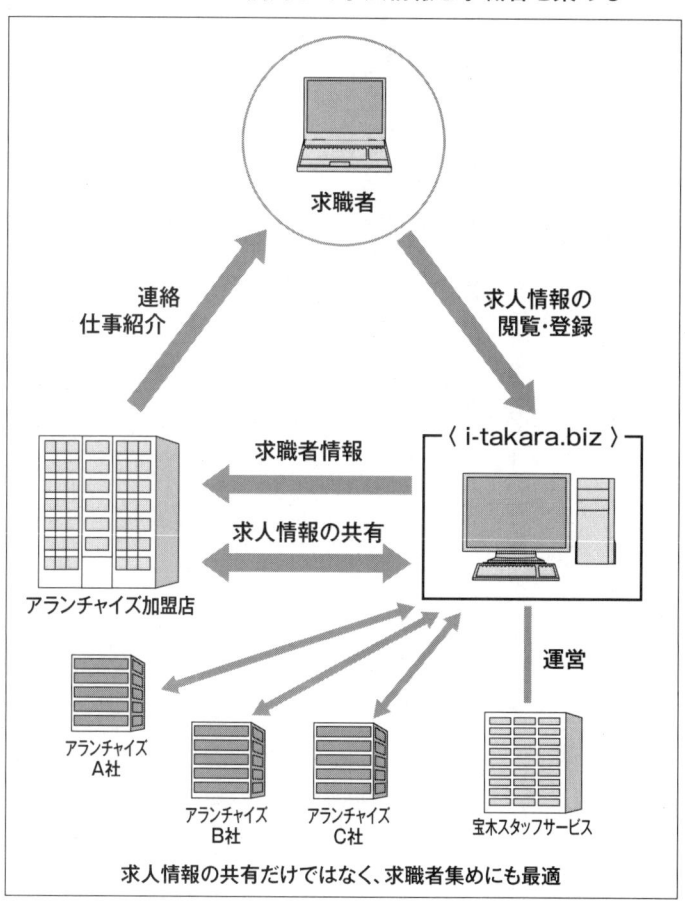

求職者

連絡
仕事紹介

求人情報の
閲覧・登録

求職者情報

求人情報の共有

アランチャイズ加盟店

〈 i-takara.biz 〉

運営

アランチャイズA社

アランチャイズB社

アランチャイズC社

宝木スタッフサービス

求人情報の共有だけではなく、求職者集めにも最適

この流れをあらためて説明してみましょう。

求職登録者とアランチャイズ企業は、それぞれの「入り口」であるi-takara.bizと、宝木スタッフサービスのホームページへアクセスすることで、両者が自分の欲しい情報を入手することができます。

こうしてアランチャイズ企業は、アランチャイズ加盟店向けのページへたどりつき、求職者は求職・転職支援サイトへ無料でエントリーができるのです。

徹底した指導で成果を約束

アランチャイズ加盟企業には紹介事業の経営ノウハウを共有していただくため、徹底したトレーニングと事業立ち上げのための指導等を受けていただきます。宝木スタッフサービス直営のネットワークやアランチャイズ加盟店との連携が生まれ、紹介事業の成功と、全国規模で社会貢献の担い手となることができきます。

第5章
人材ビジネスのニューモデル──アランチャイズ

宝木スタッフサービスが提供するマニュアル（初期トレーニング）には、「開業・事務・許可申請・営業・経理・求人者用・求職者用」マニュアル、求職者登録用トレーニングDVD」等があります。

アランチャイズ加盟店と宝木スタッフサービスと共有するものとしては、次のようなものがあります。

- 求人者（求人者の求人情報コンプライアンスに基づく）
- 求職者（求職者の個人情報コンプライアンスに基づく）
- ホームページ（リンクの接続）
- 宝木スタッフサービスの直営・本支店事務所の相互リンク

求人者打ち合わせの事務所として、登録者の面接場として、電話やファクスやメールなどの伝言取り次ぎの場として、情報交換の場として活用が可能。

これらをどのように賢く活用するかはすべてあなた次第です。

169

雇用管理ソフト導入でオールマイティの親切フォロー

人材紹介ビジネスでは、とくに初心者の場合、いろいろな場面でとても煩雑な要素が含まれています。

たとえば事務管理等の作業は、初めてでは戸惑うことも多いはずです。登録人材や登録企業の把握、各手数料の管理など、人によっては慣れるまでは煩わしく思われるかもしれません。

そんなとき、該当するサイトのページ（たとえば〝手数料計算〟のページ）に必要な数字を打ち込むだけで、受け取るべき手数料額などが瞬時に計算されて、明示されます。これがタカラエージェンシーが開発、用意している独自の雇用管理システムです。

人材ビジネスは未経験でも、積み上げた経験（豊富な人脈・特定職種への熟知度等）をもとにして、容易に参入できる仕組み、それがフランチャイズ・シ

第5章
人材ビジネスのニューモデル──アランチャイズ

日々紹介と労務管理代行の双方に対応できるシステムなのです。

本システムの特長は、「日々・期間紹介」と「労務管理代行」の双方の業務処理が行えることはもちろん、「自社以外のエージェント（紹介会社）から紹介された求職者や求人企業の直接採用雇用者の労務管理代行（勤怠集計や給与計算処理）も行うことができる」ことにあります。

エージェントにとってまず重要なのは、「求人企業のニーズに沿って的確な人材を紹介できること」ですが、事業の発展性・収益性を考える際に、「自社紹介の求職者以外の労務管理代行も行える」ことは、さらにプラス要素となります。

実際、求人企業によっては、複数のエージェントから紹介された求職者や、さらに加えて自社採用した雇用者が混在していることは珍しくありませんが、

171

システムの機能例①

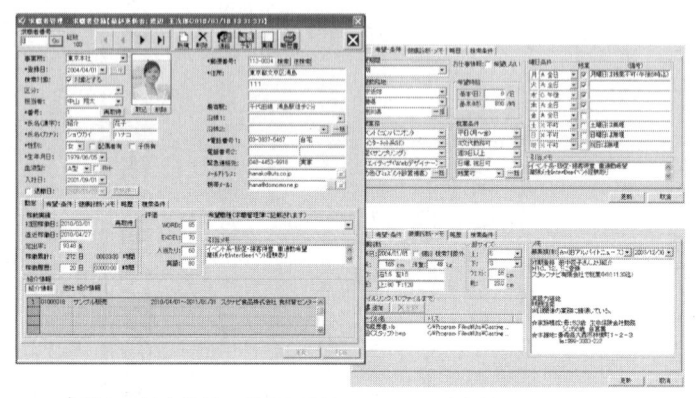

※求職者の基本情報・希望条件等さまざまな情報管理が行える

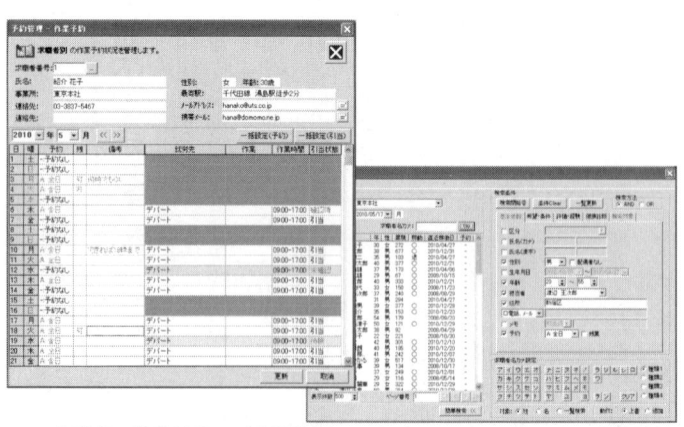

※求職者の勤務希望日（求職情報・スケジュール）の管理や、求職希望状況をもとにした検索・マッチングが行える

第5章
人材ビジネスのニューモデル──アランチャイズ

システムの機能例②

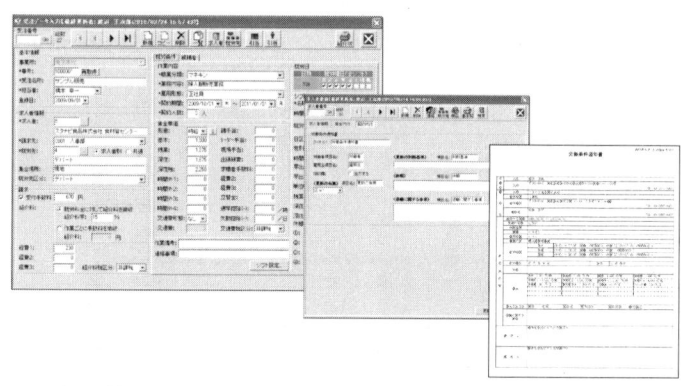

※求人情報の登録・求職者のマッチングから、「労働条件通知書（求人企業名による雇用契約書）」の発行まで、さまざまな処理が行える

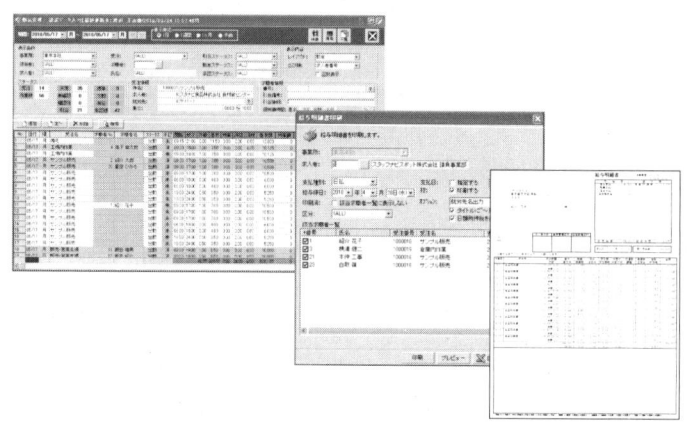

※勤怠集計から給与計算・給与計算書（明細書）の発行・給与振込用銀行ＦＢデータ作成まで、さまざまな労務管理代行処理が行える

日々紹介統合管理システム

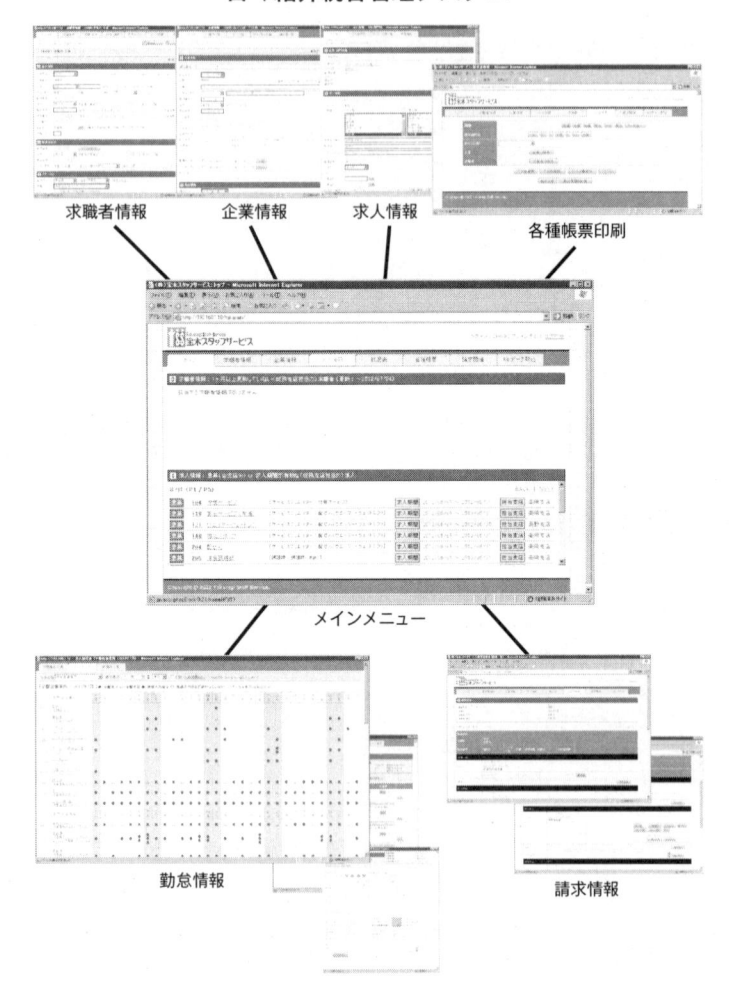

求職者情報　企業情報　求人情報　各種帳票印刷

メインメニュー

勤怠情報　請求情報

第5章
人材ビジネスのニューモデル──アランチャイズ

これらさまざまなルートでの雇用者に対する労務管理を求人企業自ら行うことは非常に困難です。

仮に、エージェントから紹介された求職者については、それぞれのエージェントに代行処理を委託できたとしても、処理結果の確認・承認作業が何度も発生したりと、業務が煩雑になってしまいます。求人企業側の視点からいえば、「どこか1社のエージェントで、集約して労務管理代行処理を実施してもらえる」ということには利点があるのです。

日々・期間雇用の職業紹介事業を展開・拡大するにあたり、求人企業の顕在ニーズである「必要なときに、必要な人材をしっかり紹介してほしい」ことを満たすだけでなく、潜在ニーズである「労務管理業務の手間を極力少なくしたい」ということまで満たすことができれば、貴社の競合差別化要素、取引優位性、事業収益性というさまざまな点において、大きなメリットが生まれることは間違いないといえるでしょう。

175

4 大マニュアルで綿密にフォロー

私どもは、アランチャイズ企業として加盟した方たちを、いろいろな場面においてお助けするために、「営業」「求人者対応」「求職者対応」「就職者対応」と分けたマニュアルを用意しています。

1．営業マニュアル

ここでは、ブルーカラーに対する職業紹介事業（日々紹介）、ホワイトカラーの人材紹介事業や社員就職について説明しています。

また、宝木スタッフサービスの事業内容をまず知っていただき、当社およびアランチャイズ加盟店の営業社員の重要な心得や、紹介事業者であることの認識についてご理解いただき、営業上で使ってはいけない言葉や必ず申し上げる言葉など、実際の例を挙げてわかりやすく説明します。

2．求人者対応マニュアル

第5章
人材ビジネスのニューモデル──アランチャイズ

きめ細かなフォローをしてくれる「4大マニュアル」

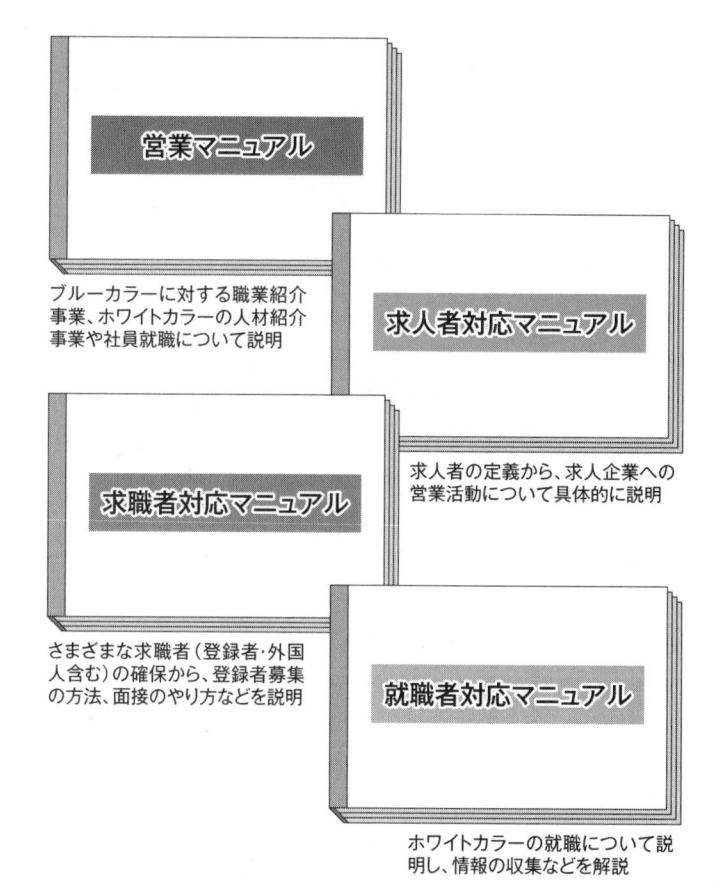

営業マニュアル

ブルーカラーに対する職業紹介事業、ホワイトカラーの人材紹介事業や社員就職について説明

求人者対応マニュアル

求人者の定義から、求人企業への営業活動について具体的に説明

求職者対応マニュアル

さまざまな求職者(登録者・外国人含む)の確保から、登録者募集の方法、面接のやり方などを説明

就職者対応マニュアル

ホワイトカラーの就職について説明し、情報の収集などを解説

ここでは、「求人者」の定義から、求人企業への営業活動について具体的に述べています。また、求人者の事前情報について、間接または直接に収集する方法などを説明します。

それと、提示・提出しなければならない書類などについて具体的に指導し、説明・確認事項についても説明、契約の締結や求人依頼の仕方について、わかりやすく述べています。

併せて、賃金・紹介手数料についても述べ、「直接支払い」「賃金支払いの5原則」「紹介手数料・求人受付手数料」「求職受付手数料」について紹介しています。

さらに、求人者が労働者に対して賃金支払いを遅延した場合の対応と、紹介手数料・求人受付手数料支払いの遅延や手数料支払い遅延の督促についても指導しています。

それに、賃金等の条件交渉や就労者の諸条件の改善交渉（常備者）についても、わかりやすく説明しています。

第5章
人材ビジネスのニューモデル──アランチャイズ

3. 求職者対応マニュアル

さまざまな求職者（登録者・外国人含む）の確保から、登録者募集の方法から面接のやり方などを説明します。同時に、「登録者カード記入」「ホームページの公開」「スタッフ情報登録票記入」についても述べています。

また、「職業紹介の基本原則」「求職受付手数料」などについて説明し、ビデオによる研修も行います。

そこでは、いろいろな質問を受けることもありますので、それについての用意もしておかなければなりません。

最後は、求人者への紹介までの経緯も理解していただくように努めます。

4. 就職者対応マニュアル

ホワイトカラーの就職について説明し、情報の収集などについて述べています。また、求人企業の欠員情報にアンテナを立てる心構えや方法についても説明し、求人者との契約書締結や該当求職者への開示（じっくり説明するよう指導）について、また、「面接について」「決定と手数料（就職者）」「その他の重

宝木スタッフサービスで使用している「登録者カード」

登録者カード

(求職者ID： 　　　)

受付日　　　年　　月　　日

フリガナ	生年月日(西暦)　　年　　月　　日
氏名	男・女　　　年齢　　　才

現住所 〒

TEL	FAX
携帯電話	最寄駅
Email：	弊社からのメール送信　(可・不可)
携帯アドレス：	弊社からのメール送信　(可・不可)
緊急連絡先　　　　　　(　　　　方)	TEL
住所	

●学歴、取得資格を記入してください

学歴	卒・在学中
各種取得資格	

●職種毎に希望があれば○、また、経験があれば○を記入してください(A：ベテラン、B：経験者、C：未経験)

- 配ぜん(ウェイター・ウェイトレス)　希望／経験[A - B - C]
- 仲居サービス　希望／経験[A - B - C]
- 女将　希望／経験[A - B - C]
- バーテンダー　希望／経験[A - B - C]
- 受付・フロント　希望／経験[A - B - C]
- 婚礼キャプテン　希望／経験[A - B - C]

- 調理師(和食)　希望／経験[A - B - C]
- 調理師(洋食)　希望／経験[A - B - C]
- 調理師(中華)　希望／経験[A - B - C]
- パティシエ(菓子／パン)　希望／経験[A - B - C]
- 調理補助　希望／経験[A - B - C]

- マネキン(宣伝販売促進員)　希望／経験[A - B - C]
- コンビニスタッフ　希望／経験[A - B - C]
- レジ、カウンタースタッフ　希望／経験[A - B - C]
- アパレル販売スタッフ　希望／経験[A - B - C]
- ガソリンスタンドスタッフ　希望／経験[A - B - C]

- 館内清掃　希望／経験[A - B - C]
- 客室清掃　希望／経験[A - B - C]
- 洗い場　希望／経験[A - B - C]

- 栄養士　希望／経験[A - B - C]
- 看護師　希望／経験[A - B - C]
- 家政婦(夫)　希望／経験[A - B - C]

- 一般事務　希望／経験[A - B - C]
- 経理事務　希望／経験[A - B - C]
- 営業(営業事務含む)　希望／経験[A - B - C]
- 電子計算機オペレーター　希望／経験[A - B - C]

- 訪問介護(ホームヘルパー)　希望／経験[A - B - C]
- ベビーシッター　希望／経験[A - B - C]
- 介護助手　希望／経験[A - B - C]
- スキー場業務　希望／経験[A - B - C]
- 工場作業員　希望／経験[A - B - C]

- 会社役員、部長、課長　希望／経験[A - B - C]
- ゼネラルマネージャー　希望／経験[A - B - C]
- ホテル(副)支配人　希望／経験[A - B - C]
- ホール(サブ)マネージャー　希望／経験[A - B - C]
- 飲食店(副)店長　希望／経験[A - B - C]

●当てはまるものに○、又は記入してください

現時点の身分状況	学生(予備校・専門・短大・大学・大学院)　フリーター　主婦　社会人　他(　　　)
利用する交通手段	自家用車　バイク　自転車　公共機関　徒歩　他(　　　)
希望する仕事種類	単発　・　短期[3ヶ月以下]　・　長期[3ヶ月以上]　　通勤・住込　　正社員

第5章
人材ビジネスのニューモデル──アランチャイズ

登録者カード   （求職者ID: ）

●仕事希望の曜日に〇を付けてください

毎日 ・ 月 ・ 火 ・ 水 ・ 木 ・ 金 ・ 土 ・ 日 ・ 祝祭日

●希望勤務地に〇を付けてください

北海道	青森県	岩手県	宮城県	秋田県	山形県
福島県	茨城県	栃木県	群馬県	埼玉県	千葉県
東京都	神奈川県	新潟県	富山県	山梨県	長野県
石川県	福井県	岐阜県	静岡県	愛知県	三重県
滋賀県	京都府	大阪府	兵庫県	奈良県	和歌山県
鳥取県	島根県	岡山県	広島県	山口県	徳島県
香川県	愛媛県	高知県	福岡県	佐賀県	長崎県
熊本県	大分県	宮崎県	鹿児島県	沖縄県	全国

●その他連絡事項（記入いただいた以外に、希望など伝えたいことがあればご記入ください。）

ご登録頂いた情報は仕事の紹介目的以外には使用せず、適正に管理し個人情報の漏洩防止に努めます。

株式会社 宝木スタッフサービス

【 S-A-00020 2008.04.17 更新 】

要事項について」など、きめ細かい指導でバックアップすることを努めます。

改正法施行以降の新しい展望

シルバー人材センターとは、高年齢者が働くことを通じて生きがいを得るとともに地域社会の活性化に貢献する、無料職業紹介組織です。

センターは、原則として市（区）町村単位で置かれており、基本的に都道府県知事の許可を受けた社団法人が独立した運営をしています。

この無料職業紹介組織が、改正労働者派遣法の施行後は有料職業紹介所としてエントリーすれば許可が下りることになりました。

この流れを読んで、シルバー人材センターと宝木スタッフサービスとの間にアランチャイズ・システムの1つ前の段階として、アライアンス契約を結ぶことで、たとえば「55歳以上の人材を探してください」と依頼したりすることで相互に発展が可能になるというわけです。

第5章
人材ビジネスのニューモデル──アランチャイズ

COLUMN
一方的な時給ダウンで泣きの涙

長引く景気低迷の影響で派遣料金の引き下げ要求が強くなっているようです。派遣先企業の業績悪化を理由に、契約途中に派遣スタッフの時給が数百円ダウンしたケースもあります。

NPO法人・派遣労働ネットワークの調査では、首都圏の派遣スタッフの平均時給は1994年：1704円、2001年：1585円、2011年：1504円と下落の一途をたどり、派遣会社は契約料の値下げ分を派遣スタッフの時給ダウンに結びつけるという実情が報告されています。

契約更新時での派遣スタッフと派遣元会社のやりとりでよくあるパターンが、「派遣先との契約料金が下がったので時給も50円下がります。それでよければ更新します」という宣告。断るのも自由ですが、次にどんな仕事が見つかるかわからないので泣く泣く承諾するしかありません。能力評価に応じた賃金どころか、すべて派遣先のせいにされておしまい。これでは納得できない気持ちもわかります。

第6章

人材紹介事業における職業分類

職業分類について

労働省編職業分類には、約2万8000の職業名が収録されており、大分類、中分類、小分類、細分類に分類されています。

通常、職業という場合、職業分類でいう細分類または小分類を指します。具体的な分類の内容は194ページ以降の表のとおりです。

紹介事業を始めようとする場合、自分自身がもっとも詳しい職業から手がけるのが失敗が少ないといえます。ちなみに、著者のスタートは昭和55年の宝木配膳人紹介所（㈱宝木スタッフサービスの前身）の開設でした。

職業大分類の解説と主な職業例（平成23年改定）

1. 専門技術職

第6章
人材紹介事業における職業分類

高度の専門的水準において、科学的知識を応用し、技術的な業務に従事するものおよび医療・法律・教育・その他の専門的性質の業務に従事するものをいいます。この仕事を遂行するには、通例、大学・研究機関などにおける高度の科学的訓練・その他専門的分野の訓練、またはこれと同程度以上の実務的経験あるいは芸術上の創造的才能を必要とします。

〔機械・電気技術者、建築・土木・測量技術者、情報処理技術者、保健士、助産婦、看護士、歯科技工士（歯科助手を含む）、栄養士、介護士、薬剤師、福祉相談専門員、裁判所事務官、調停員、幼稚園教員・保育士、小・中・高校教員、各種学校・予備校講師、商業・グラフィック・インテリアのデザイナー、学習塾講師、パソコンインストラクター、スーパーバイザー〕

2. 管理職

事業の方針の決定、経営方針に基づく執行計画の樹立、作業の監督・統制など、専ら経営体の全般または課相当以上の内部組織の経営管理に従事するもの

をいいます。

〔会社・団体の役員、部課長級・工場長級・支店長級の管理職（将来の候補含む）〕

3. 事務職

一般的な知識、経験に基づき、人事・文書・企画・調査・会計・受付・秘書などの業務や生産関連・営業販売・運輸・通信に関する事務、および事務用機器の操作に従事するものをいいます。

〔総務・人事係・広報係・事務、商品企画事務、受付・案内事務、秘書、一般事務、医療事務、金融機関窓口事務、予算・経理事務員、集金収納係、生産記録係、クリーニング受付事務、倉庫管理事務、出荷・発送係、仕入れ係、検針員、運輸改札係、タクシー配車係、速記者、コンピュータオペレーター〕

4. 営業販売職

第6章
人材紹介事業における職業分類

有体的商品・不動産・有価証券などの売買、売買の仲立・取次・代理などの仕事、保険の代理・募集の仕事、サービスに関する取引上の勧誘・交渉・受注など売買の仕事に従事するものをいいます。

〔スーパーの店長（将来の候補含む）、百貨店・スーパー・小売店の販売員、ガソリンスタンド販売員、卸売販売員、商品訪問販売員、商品仕入外交員、保険セールスマン、商品仲介人、DPE取次人〕

5. サービス職

個人の家庭における家事・介護サービス、理容・美容・クリーニング・調理・接客・娯楽などの個人に対するサービス、居住施設・ビルの管理サービスなどの仕事に従事するものをいいます。

〔家政婦（夫）、ホームヘルパー、理容・美容師（見習含む）、エステティシャン、風呂番、クリーニング工、調理師（見習含む）、ウエイター・ウエイトレス、ホテル・旅館接客・客室係、寮管理人、ビル管理人、駐車場管理人、旅行

添乗員〕

6. 保安職

国家の防衛、社会・個人・財産の保護、法と秩序の維持などの仕事に従事するものをいいます。

〔警備員、守衛、道路管理員、交通指導員、プール監視員〕

7. 農林漁業職

農作物の栽培・収穫の作業、養蚕、家畜・その他の動物の飼育の作業、材木の育成・伐採・搬出の作業に従事するものをいいます。

8. 運輸通信職

電車・自動車等乗り物の運転・操縦、通信機の操作などの仕事に従事するもの、またはその他の関連作業に従事するものをいいます。

第6章
人材紹介事業における職業分類

〔鉄道機関士、バス運転手、タクシー運転手、トラック（ダンプ）運転手、けん引運転手、ごみ収集運転手、テストドライバー、船舶・航空機操縦士、車掌、駅構内係、フォークリフト運転手、車両点検係、無線通信・技術士、電波技術員、電話交換手、郵便配達・集配員〕

9．生産労務職

機械・器具・手道具などを用いて原材料を加工し、または組み立てる作業、生産機械・装置の操作を行う作業、建設機械・定置機関・定置機械の操作・運転の作業、発電・変電などにおける機械装置の操作・保全の作業、建設工事の作業およびほかに分類されない技能的作業、生産工程の作業ならびに運搬・清掃などの労務的作業に従事するものをいいます。

〔鋳物工、スチール製造工、非鉄金属製錬工、金属熱処理工、圧延工、伸線工、金属材料原料工、化学製品製造オペレーター、石油精製オペレーター、化学繊維工、石鹸・洗剤・油脂製品製造オペレーター、医薬品・化粧品製造オペ

レーター、アスファルトブロック製造工、水質検査員肥料製造工、窯業原料工、ガラス製品製造工、煉瓦・瓦類製造工、陶磁器製造工、ファインセラミック製品製造工、窯業絵付工、セメント製品製造工、土石製品製造工、金属材料製品製造工（ボール盤工・旋盤工・フライス盤工・MCオペレーター等）、金属プレス工、製缶工、板金工、めっき工、金属研磨工、金属線製品・ばね製造工、電気溶接工、ガス溶接工、原動機組立・修理工、産業用機械組立・修理工、電気機械器具組立・修理工、自動車関連部品組立・修理工、航空機関連部品組立・修理工、鉄道車両関連部品組立・修理工、計量計測機器・光学機器組立・修理工、精穀・製粉調味食品製造工、食料品関係製造工、飲料・たばこ製造工、紡緒製造工、衣服・繊維製品製造工、製材工、合板工、木工、木製家具・建具製造工、パルプ・紙・紙製品製造工、写植オペレーター、製版作業員、印刷・製本作業員、ゴム製品製造工、プラスチック製品成型・加工工、革・革製品製造工、鞄・袋物製造工、玩具製造工、漆器工、貴金属・宝石加工工、楽器製造工、文房具製造工、運道具製造工、家具類内張工、塗装工、看板

第6章
人材紹介事業における職業分類

職業分類表Ⅱ（中・小分類）

職業分類は、大分類からさらに中分類、小分類、細分類と分けられていますが、ここでは「中分類」「小分類」について、その一覧を次ページ以降に紹介します。

制作工、製図工、包装工、ボイラーオペレーター、クレーン運転工、建設機械オペレーター、堀削機械（ショベルカーなど）運転工、舗装機械（バックホーなど）運転工、クレーン玉掛工、送電・配電・通信線の架線・敷設工、電気通信設備工、電気工事作業者、砂利・砂・粘土採取作業員、ダム・トンネル掘削作業員、型枠大工、とび工、鉄筋工、タイル張工、屋根葺き工、左官、畳工、配管工、内装仕上工、防水工、土木作業者、保線・軌道工、工場内運搬作業員、倉庫作業員、運送業配達員、ルートセールス配送員、梱包工、清掃員、ごみ処理産業洗浄工、製品選別工、商品検査員、雑務者）

職業分類表（小分類まで）

A 専門的・技術的職業

中分類	09 保健師、助産師、看護師
小分類	091 保健師
	092 助産師
	093 看護師・准看護師

中分類	10 医療技術者
小分類	101 診療放射線技師
	102 臨床検査技師、衛生検査技師
	103 理学療法士、作業療法士
	104 歯科衛生士
	105 歯科技工士
	106 臨床工学技士
	107 視能訓練士、言語聴覚士

中分類	11 その他の保健医療の職業
小分類	111 栄養士
	112 あんまマッサージ指圧師、はり師、きゅう師、柔道整復師
	119 他に分類されない保健医療の職業

中分類	12 社会福祉専門の職業
小分類	121 福祉相談指導専門員
	122 福祉施設指導専門員
	123 保育士
	124 福祉施設寮母・寮父
	129 その他の社会福祉専門の職業

中分類	13 法務の職業
小分類	131 裁判官、検察官、弁護士
	132 弁理士、司法書士
	139 その他の法務の職業

中分類	14 経営専門の職業
小分類	141 公認会計士、税理士
	142 社会保険労務士
	149 その他の経営専門の職業

中分類	15 教育の職業
小分類	151 幼稚園教員
	152 小学校教員
	153 中学校教員
	154 高等学校教員
	155 高等専門学校教員
	156 大学教員
	157 盲学校・ろう学校・養護学校教員

中分類	01 科学研究者
小分類	011 自然科学系研究者
	012 人文・社会科学系研究者

中分類	02 農林水産業・食品技術者
小分類	021 農業技術者
	022 畜産技術者
	023 林業技術者
	024 水産技術者
	025 食品技術者
	029 その他の農林水産業・食品技術者

中分類	03 機械・電気技術者
小分類	031 機械技術者
	032 航空機技術者
	033 造船技術者
	034 電気技術者
	035 電気通信技術者
	036 原子力技術者
	039 その他の機械・電気技術者

中分類	04 鉱工業技術者（機械・電気技術者を除く）
小分類	041 金属製錬・材料技術者
	042 化学技術者
	043 窯業技術者
	049 その他の鉱工業技術者

中分類	05 建築・土木・測量技術者
小分類	051 建築技術者
	052 土木技術者
	053 測量技術者

中分類	06 情報処理技術者
小分類	061 システムエンジニア
	062 プログラマー

中分類	07 その他の技術者
小分類	071 その他の技術者

中分類	08 医師、歯科医師、獣医師、薬剤師
小分類	081 医師
	082 歯科医師
	083 獣医師
	084 薬剤師

第6章
人材紹介事業における職業分類

239 その他の法人・団体の管理職員
中分類 24 その他の管理的職業
小分類 241 その他の管理的職業

C 事務的職業

中分類 25 一般事務の職業
小分類 251 総務事務員
252 企画・調査事務員
253 受付・案内事務員
254 秘書
255 一般事務員
259 その他の一般事務の職業

中分類 26 会計事務の職業
小分類 261 現金出納事務員
262 金融機関窓口事務員
263 予算・経理事務員
269 その他の会計事務の職業

中分類 27 生産関連事務の職業
小分類 271 生産現場事務員
272 出荷・受荷係事務員

中分類 28 営業・販売関連事務の職業
小分類 281 営業・販売事務員
289 その他の営業・販売関連事務の職業

中分類 29 外勤事務の職業
小分類 291 集金人
299 その他の外勤事務の職業

中分類 30 運輸・通信事務の職業
小分類 301 旅客・貨物係事務員
302 運行管理事務員
303 郵便・通信事務員
309 その他の運輸・通信事務の職業

中分類 31 事務用機器操作の職業
小分類 311 速記者、タイピスト、ワードプロセッサ操作員
312 キーパンチャー
313 電子計算機オペレーター
319 その他の事務用機器操作の職業

159 その他の教育の職業
中分類 16 宗教家
小分類 161 宗教家

中分類 17 文芸家、記者、編集者
小分類 171 文芸家、著述家
172 記者、編集者

中分類 18 美術家、デザイナー、写真家
小分類 181 彫刻家
182 画家、書家
183 工芸美術家
184 デザイナー
185 写真家

中分類 19 音楽家、舞台芸術家
小分類 191 音楽家
192 舞踊家
193 俳優
194 プロデューサー、演出家
195 演芸家

中分類 20 その他の専門的職業
小分類 201 カウンセラー
202 個人教師
203 職業スポーツ家
204 監督的専門公務員
205 行政書士、土地家屋調査士、不動産鑑定士
209 他に分類されない専門的職業

B 管理的職業

中分類 21 管理的公務員
小分類 211 議会議員
212 管理的国家公務員
213 管理的地方公務員

中分類 22 会社・団体の役員
小分類 221 会社役員
222 独立行政法人・特殊法人の役員
229 その他の法人・団体の役員

中分類 23 会社・団体の管理職員
小分類 231 会社の管理職員
232 独立行政法人・特殊法人の管理職員

376 旅館主・支配人
中分類 38 居住施設・ビル等の管理の職業
小分類 381 マンション・アパート・下宿管理人
382 寄宿舎・寮管理人
383 ビル管理人
384 駐車場・駐輪場管理人
389 その他の居住施設・ビル等の管理の職業
中分類 39 その他のサービスの職業
小分類 391 添乗員、観光案内人
392 物品一時預り人
393 物品賃貸人
394 広告宣伝員
395 葬儀師
399 他に分類されないサービスの職業

F 保安の職業
中分類 40 自衛官
小分類 401 陸上自衛官
402 海上自衛官
403 航空自衛官
404 防衛大学校・防衛医科大学校学生
中分類 41 司法警察職員
小分類 411 警察官
412 海上保安官
419 その他の司法警察職員
中分類 42 その他の保安の職業
小分類 421 刑務官
422 消防官
423 警備員
429 他に分類されない保安の職業

G 農林漁業の職業
中分類 43 農業の職業
小分類 431 農耕・養蚕作業者
432 養畜作業者
433 植木職、造園師
439 その他の農業の職業
中分類 44 林業の職業

D 販売の職業
中分類 32 商品販売の職業
小分類 321 小売店主・支配人
322 卸売店主・支配人
323 飲食店主・支配人
324 販売店員
325 商品訪問・移動販売員
326 再生資源回収・卸売従事者
327 商品仕入・販売外交員
中分類 33 販売類似の職業
小分類 331 不動産仲介・売買人
332 保険募集人
333 有価証券売買仲立人・金融仲立人
334 質屋店主・店員
335 サービス外交員
339 その他の販売類似の職業

E サービスの職業
中分類 34 家庭生活支援サービスの職業
小分類 341 家政婦(夫)、家事手伝
342 ホームヘルパー
349 その他の家庭生活支援サービスの職業
中分類 35 生活衛生サービスの職業
小分類 351 理容師
352 美容師
353 着付師、エステティシャン
354 浴場従事者
355 クリーニング工
356 洗張工
中分類 36 飲食物調理の職業
小分類 361 調理人
362 バーテンダー
中分類 37 接客・給仕の職業
小分類 371 飲食物給仕人
372 身の回り世話従事者
373 接客社交係
374 芸者
375 娯楽場等の接客員

第6章
人材紹介事業における職業分類

509 その他の通信の職業

I 生産工程・労務の職業

大分類細目 1 製造・制作の職業
- 大分類
  - 51 金属材料製造の職業
  - 52 化学製品製造の職業
  - 53 窯業製品製造の職業
  - 54 土石製品製造の職業
  - 55 金属加工の職業
  - 56 金属溶接・溶断の職業
  - 57 一般機械器具組立・修理の職業
  - 58 電気機械器具組立・修理の職業
  - 59 輸送用機械機具組立・修理の職業
  - 60 計量計測機器・光学機械器具組立・修理の職業
  - 61 精穀・製粉・調味食品製造の職業
  - 62 食料品製造の職業(精穀・製粉・調味食品製造の職業を除く)
  - 63 飲料・たばこ製造の職業
  - 64 紡織の職業
  - 65 衣服・繊維製品製造の職業
  - 66 木・竹・草・つる製品製造の職業
  - 67 パルプ・紙・紙製品製造の職業
  - 68 印刷・製本の職業
  - 69 ゴム・プラスチック製品製造の職業
  - 70 革・革製品製造の職業
  - 71 装身具等身の回り品製造の職業
  - 72 その他の製造・制作の職業

大分類細目 2 定置機関・建設機械運転、電気作業の職業
- 大分類
  - 73 定置機関・機械および建設機械運転の職業
  - 74 電気作業者

大分類細目 3 採掘・建設・労務の職業
- 大分類
  - 75 採掘の職業
  - 76 建設躯体工事の職業
  - 77 建設の職業(建設躯体工事の職業を除く)
  - 78 土木の職業
  - 79 運搬労務の職業
  - 80 その他の労務の職業

出所:「職業分類表」(『新訂 職業名索引』独立行政法人 労働政策研究・研修機構)

- 小分類
  - 441 育林作業者
  - 442 伐木・造材作業者
  - 443 集材・運材作業者
  - 444 製炭・製薪作業者
  - 449 その他の林業の職業

中分類 45 漁業の職業
- 小分類
  - 451 漁労作業者
  - 452 漁労船の船長・航海士・機関長・機関士
  - 453 海藻・貝類採取作業者
  - 454 水産養殖作業者
  - 459 その他の漁業の職業

H 運輸・通信の職業

中分類 46 鉄道運転の職業
- 小分類
  - 461 鉄道機関士
  - 462 電車・気動車運転士

中分類 47 自動車運転の職業
- 小分類
  - 471 バス運転者
  - 472 乗用自動車運転者
  - 473 貨物自動車運転者
  - 479 その他の自動車運転の職業

中分類 48 船舶・航空機運転の職業
- 小分類
  - 481 船長(漁労船を除く)
  - 482 航海士・運航士(漁労船を除く)、水先人
  - 483 船舶機関長・機関士(漁労船を除く)
  - 484 航空機操縦士
  - 485 航空機関士

中分類 49 その他の運輸の職業
- 小分類
  - 491 車掌
  - 492 駅構内係、信号係
  - 493 甲板員
  - 494 船舶機関員
  - 499 他に分類されない運輸の職業

中分類 50 通信の職業
- 小分類
  - 501 無線通信員、無線技術員
  - 502 有線通信員
  - 503 電話交換手
  - 504 郵便集配員、電報配達員

附章

人材ビジネスQ&A

Q1

現在、大手製造業に派遣しているスタッフも人材紹介への転換は可能ということですが、そうすることで専ら派遣の率を下げられるのでしょうか？

A――下げられません。人材シェアを派遣から職業紹介にシフトしても、グループ企業内派遣8割規制の中での専ら派遣率を対象としますので、あくまでも派遣は派遣であり、紹介は紹介となります。また、派遣を離職した労働者を離職後1年以内に派遣労働者として受け入れることも禁止です。

Q2

求人者は求職者に対して「雇用主としてすべての雇用義務を要する」とありますが、雇用義務を守らない企業とわかっていて紹介をするのは合法なのでしょ

附章
人材ビジネスQ&A

うか？

A ——いかなる求人者（求職者）に対しても、その申込みを受け付けなければなりません。求職者は仕事を、求人者は人材を、紹介所は法定手数料の収入を求めるわけですが、求人者の申込みに際して紹介所は「覚書・協定書・契約書」等を交わすことで、求人者に自らの雇用義務と責任について十分に認識させて求人受付の成立まで導けます。そうすることで、紹介所の役目と価値観が評価されることになります。

Q3

自社の直接雇用なのになぜ、毎月、紹介会社に賃金手数料10％と求人受付手数料の支払いをしなければならないのですか？

201

A ──直接雇用は正規社員（就職）と非正規社員（日々・期間）とに区分けされますが、非正規においては2カ月以内の有期雇用更新の反復紹介となりますので、恒久的に紹介会社に賃金手数料の支払いが発生します。

求人者側は、正規社員を増やさないことで人件費（福利厚生費等）のランニングコストを抑えることができます。また、季節に応じた変動雇用に対応するために、非正規社員雇用で総人件費の雇用調整バランスを図ります。そのためには紹介所のシステムが求人者には必要とされ、手数料の発生へとつながります。

Q4

事前面接がOKということは、お客さまがOKというまで紹介業務が成立せず、日々紹介で10人用意して「5人はよいけど残る5人はチェンジしてください」といわれることもあるのでしょうか？

附章
人材ビジネスＱ＆Ａ

A ——日々雇用でも事前面接は可能ですが、現実的には不可能です。日々雇用の受発注体系は日々変動型ですので、双方が面談に要する時間が取れないため、紹介所に一任することになりますので、求職者の選定には慎重を期すことが大切です。

Q5

抵触日の期間３カ月だけ人材紹介システムを使った後に、派遣に戻すことはできますか？

A ——求人者側は３カ月と１日をクーリング期間として、その後厳正な求人者コンプライアンスをクリアすればＯＫとなりますが、同一の派遣会社が同一人材を紹介システムで雇用し、クーリング期間を設けてもＮＧとなり

ます。

従来の抵触日ルールに10月1日からの改正派遣法で加えられたのは、「離職した労働者を離職後1年以内に派遣労働者として受け入れることを禁止」という事項です。したがって、求人者側の選択肢は「正社員・外注・請負」および「職業紹介（日々・期間・常用）雇用」等に移行するものと考えられます。

Q6

求人者に人材派遣から人材紹介への移行を提案したとき、「入職の手間を除けば全部自社でしていることと同じではないか」との質問には、どう答えたらいいのでしょうか？

A ——求人者側が人材紹介会社を活用する最大の真意は、紹介会社から人材

附章
人材ビジネスQ&A

Q7 紹介手数料請求手法の部分だけを切り売り請求することは、派遣離れにつながらないでしょうか？

A ――派遣会社の収益システムは、派遣会社利益、派遣人件費等、派遣元雇用主としての運営すべての経費を請求して会社が成り立つことです。

の紹介を受けることで非正規社員の雇用につながり、その結果、企業人件費のコストを抑えられるという企業メリットがあるからです。

人材紹介会社と求人者とは恒久的な取引になると考えられますので、同業競合社に負けないためには、良質な人材紹介はもちろん、求人者代行業務として「雇用管理受託」システムの代行で、紹介所の価値観を評価されることへとつながります。

人材紹介システムとの最大の違いは、求職者は求人者の社員であって、紹介所は雇用主ではないということをまず理解してください。そのうえで、求職者の賃金は求人者から直接支払われますので、紹介所の請求は紹介法定手数料（紹介・求人）のみとなるため、求人者には、簡潔明瞭な請求でご理解をいただけます。

派遣と紹介、双方ともによい面があり、派遣は派遣、紹介は紹介と考えることが肝要でしょう。

あとがきにかえて

茶の湯に学ぶこと

私は創業の精神として後のページでも紹介している「一期一會～独座観念」の言葉を掲げています。これは、江戸時代末期の大老・井伊直弼が書いた『茶湯一会集』に出てくる言葉です。

〈茶席が終わり、主客の両者がそれぞれに名残り尽きない思いを抱きながら、別れの挨拶をすませて客は帰路につく。主は客の姿が見えなくなるまで見送る。客が帰ったからといって早々に扉を閉めるのではせっかくの饗応も台無しになる。客の帰る姿が見えなくなっても、片付けは急がず、主は心静かに茶席に戻って炉の前に独座する。

「今ごろはどこまで行かれただろうか」「きょうの出会いは二度と再び帰るも

のでない」と思いめぐらし、独りでお茶を立てて一服する。周りに物音はいっさいなく、ただ釜がたてるかすかな音だけがあるのみ〉（著者要約）

人材紹介や職業紹介を通じての多くの人との出会いは、その瞬間が「一期一會」であり、そうしてできた「縁」を大事にして、常に「独座観念」の精神で心こもる対応を心がけるものであります。

私たちが展開している人材ビジネスの歴史は古く、その原型は江戸時代頃からありました。雇い主と働き先を求める人たちとの間に中間業者が存在して、必要に応じて労働力を提供していました。しかし、賃金の中間詐取や労働条件の劣悪さ、人権軽視などさまざまな問題があり、後年、法によって厳しく規制されるようになっていきました。

現在、この古くて新しい人材ビジネス「民営職業紹介事業」は、国内ばかりではなく国外の職業紹介事業ネットワークの民間組織をもって、1日も早く求職者に就労の機会をもたらそうとする流れが見えています。

このような時代であるからこそ、私は求職者や求人企業の皆様との出会いを

あとがきにかえて

大事にして、心のこもるお付き合いの中で、人材ビジネスの展開を図ろうとするものです。

ここまで読み進められた皆さんは、すでにご理解いただいたと思いますが、ここで「総まとめ」の意味で、職業（人材）紹介事業について簡単にまとめてみます。

紹介事業のまとめ

職業（人材）紹介システムとは、「日々雇用労働から正社員採用に至るまでの期間限定の働き方を紹介するシステム」です。

求職者が紹介所を利用するメリットをまとめると次のようになります。

① 自分の条件に合った仕事を自由に選べて、本人の選択の自由度が高い。
② 臨時的、一時的に収入を得るための手段としては最大の利点がある。
③ 自分で仕事を探さなくてもよく、求人先との条件交渉もしてもらえるという本人の代理人的機能システムを保有している。

一方、求人企業が紹介所を利用するメリットは次のようなものがあります。

① 募集、面接、採用などの雇用管理の省力化が可能になる。
② 必要な人員を迅速に集められ、採用の手間が省力化できる。
③ 繁閑・日々・季節に応じて、柔軟に人員調整ができる。
④ 日々業務における責任と期間範囲（長期・短期）に応じたコストの合理性。

このようなメリットを享受しながら、紹介事業への緩和の時流の中で望みたいことを挙げてみました。

① ハローワークとの求人・求職の踏み込んだ情報のリンク（ホームページ、広告ほか）。
② ハローワーク入り口にての民営職業紹介事業許可取得者の掲示。
③ ハローワーク内にての都道府県レベルでの各紹介所へのホットラインの設置。

さらに、次回の労働者派遣法の改正までの間、さまざまな方策を講じつつ、

あとがきにかえて

新しい人材ビジネスの形を構築していく姿勢を持ちたいものです。より多くの皆様が人材ビジネスでより大きな成果を獲得されることを信じております。

創業の精神

「一期一會〜独座観念」

代表取締役会長　藤井　功

職業紹介を通じての人との出会い、その瞬間が「一期一會」であり、その縁たる時後に就いての対応は、常に「独座観念」の精神に基づいて行動いたします。

タカラギグループ企業理念

【一人でも多くの人に、一日でも早く適職】をモットーに、【求める人と求める企業をサポート】し、「適職探しと人材確保のパートナー」として、〈タカラギグループ〉は全国ネットにおける人材紹介事業の流通と社会貢献の担い手となって、その大いなる使命感を達成することが大きな目的です。

【著者プロフィール】

藤井　功（ふじい　いさお）

1949年、北海道富良野市生まれ。栃木県宇都宮市在住。日本観光専門学校入学、札幌国際観光株式会社・札幌ローヤル（現・ロイヤル）ホテル入社後、国土計画株式会社に入社。札幌プリンスホテル（PH）を皮切りに、東京PH、赤坂PH、高輪PH、軽井沢PH、苗場PH、富良野PH、日光PHなど全国8カ所のプリンスホテルを歴任。1980年、宝木配膳人紹介所を開設。1990年、有限会社宝木配ぜん人紹介所を設立。1998年、株式会社宝木スタッフサービスを設立。現在、宝木グループの統率者として、ソリューション型人材ビジネス【人材＆職業紹介・人材派遣・請負業務等】を積極的に展開の他、人材ビジネスコンサルタントとして株式会社船井総合研究所の人材ビジネスセミナーのゲスト講師としても活躍中。著書に、『人材紹介業　完全手引き』（メイツ出版：2006年）、『人材派遣より人材紹介だ』（メイツ出版：2007年）、『起業するなら人材紹介ビジネス』（有朋書院：2008年）がある。

- 株式会社 タカラエージェンシー
  【アランチャイズ事業本部】　〒321-0953　栃木県宇都宮市東宿郷5-2-5
  TEL：028-634-8090　FAX：028-632-0039
  URL：http://www.takara-agency.com/
- 株式会社 宝木スタッフサービス
  厚生労働大臣許可(紹介番号)09-ュ-010022(派遣番号)一般09-010042
  宇都宮本社　〒321-0953　栃木県宇都宮市東宿郷5-2-5
  TEL：028-633-7502　FAX：028-632-0039
  URL:http://www.takaragi.co.jp/
  Email:i_fujii@takaragi.co.jp

i-takara.biz

【参考文献】

『職業紹介事業制度の手引』(社団法人全国民営職業紹介事業協会編)
『職業紹介事業への円滑な兼業化・移行に向けて』(みずほ情報総研株式会社編)
『人材紹介事業　完全手引き』(藤井功著　メイツ出版)
『人材派遣より人材紹介だ』(藤井功著　メイツ出版)
『起業するなら人材紹介ビジネス』(藤井功著　有朋書院)

派遣から紹介にシフトする　人材紹介ビジネス
職業紹介事業への移行と派遣・請負との兼業──経営戦略と具体的ノウハウ──

2012年10月1日　第1版第1刷発行

著　者	藤井　功
発行者	井田真一
発行元	有限会社井田総合研究所
	〒270-1166　千葉県我孫子市我孫子2-5-345
	TEL　04-7183-2217　FAX　04-7100-2383
発売元	株式会社教育評論社
	〒103-0001　東京都中央区日本橋小伝馬町12-5　YSビル
	TEL　03-3664-5851　FAX　03-3664-5816
印刷所	有限会社ケイ・ツー社

◎本書の一部、あるいは全部を無断でコピーすることは、法律で認められた場合を除き、著作権の侵害となりますので、禁止します。
ISBN978-4-905706-73-1 C0034 ¥1400　ⓒ Isao Fjii 2012 Printed in Japan